Dieses Buch ist Ihnen gewidmet, der Sie es jetzt in Händen halten. Mögen Sie seine Worte und seine Poesie hinausführen aus der Enge und Verstrickung unserer alltäglichen Geschäftigkeiten und hineinführen in die endlosen Landschaften der Schönheit des Geistes, auf die Spielwiesen eines universellen, befreiten Bewusstseins. Es wird also nicht nur dazu dienen, manche Dinge klarer und verständlicher zu machen, sondern auch dazu, eine Art spirituellen Rausch zu erzeugen, durch welchen wir die Freude und den Zauber unseres Daseins erfahren.

Heinz Esp. Kindl

VOM ENDLICHEN WEG

Eine Symphonie der Hoffnung

Psychogramm eines modernen Sufi

tao.de

1. Auflage 2014

Autor: Heinz Esp. Kindl
Umschlaggestaltung: tao.de
Umschlagfoto: © Christina v. Puttkamer,
www.innergardens.de
Innenlayout: Lavinia Kamphausen
Printed in Germany

Verlag: tao.de in J. Kamphausen Mediengruppe GmbH, Bielefeld,
www.tao.de, eMail: info@tao.de

Bibliografische Information der Deutschen Nationalbibliothek:
Die Deutsche Nationalbibliothek verzeichnet diese Publikation
in der Deutschen Nationalbibliografie; detaillierte bibliografische
Daten sind im Internet über http://dnb.d-nb.de abrufbar.

ISBN: 978-3-95529-350-5

Inhalt

Was Sufismus uns in der heutigen Zeit zu sagen hat

Sufismus mag in unserer westlichen Welt noch nicht sehr bekannt sein, dennoch taucht dieser Begriff immer häufiger auf. Wenn ich hier über Sufismus schreibe, dann ist es eine weiterentwickelte Form, die sich aus dem Schatten des Islam gelöst hat und als UNIVERSALER SUFISMUS von Hazrat Inayat Kahn in den Westen getragen wurde.

Hazrat Inayat Kahn, aus einer wohlhabenden und geachteten indischen Familie stammend, war ein bekannter und erfolgreicher Musiker, der an Fürstenhöfen seine geschätzte Kunst darbot und dem eine schillernde Karriere bevorstand. Nach einigen Jahren der Lehrzeit bei seinem geliebten Sufi – Lehrer Abu Hashim Madani, erhielt er von ebendiesem den Auftrag den Osten und den Westen mit seiner Musik zu verbinden und über diese die Botschaft von „Liebe, Harmonie und Schönheit“ in den Westen zu tragen.

So bestieg er im Jahre 1910 in Indien ein Schiff und machte sich mit seinem Instrument und etwas Geld auf den Weg nach Amerika. Er verließ eine Welt von Lyrik und Poesie und landete in einer Welt von Industrie und Kommerz. Dort angekommen, der englischen Sprache noch nicht mächtig, stellte er schnell fest, dass weder seine indischen Rupien sehr viel wert waren, noch dass seine Musik den Geschmack der Menschen dieser modernen Welt berührte.

Man muss sich einmal vorstellen in welche Situation sich dieser Mann freiwillig begeben hatte und wie aussichtslos das ganze Unterfangen zu sein schien.

Doch hier spüren wir vielleicht die Kraft, den Mut und das Vertrauen, die diesem Menschen gegeben waren. Er ist nicht wieder heimgefahren in seine wohlbehütete Welt, sondern ist seinem Herzen gefolgt und ist sich und seiner Aufgabe treu geblieben und hat im Vertrauen auf seine innere Führung Mittel und Wege gefunden, die Botschaft zu verbreiten. Diese Wege haben ihn auch nach Europa bis nach Moskau geführt und ihm schließlich in Paris eine Art Heimat und Bleibe finden lassen.

Da war dieses tiefe Wissen für die Notwendigkeit dieser Botschaft in einer industriellen und immer materieller werdenden Welt. Der universale Sufismus stellt den Idealen des Fortschritts und des Kapitalismus ein System von geistigen Idealen, ritterlichen Haltungen und einem höchsten Ideal, welches wir Gott nennen können oder auch nicht oder anders oder Liebe, Mysterium, Wahrheit oder Gegenwart, zur Seite und hilft so einem mechanischen, funktionellen Leben wieder Sinn zu geben und beginnt durch die Kultivierung unseres Mitgefühls, die Ausbeutung von Mensch und Natur zu bremsen. Die Botschaft stellt einen Kontrapunkt dar zur Manege der Eitelkeiten und Oberflächlichkeiten.

Wir kennen diese Thematik auch aus anderen Traditionen, wie zum Beispiel den „Tanz ums goldene Kalb“ aus dem alten Testament oder die erstaunliche Aussage eines Indianerhäuptlings aus Nordamerika „...dass man, nachdem die Flüsse, die Luft und die Erde verseucht sind, merken wird, dass man Geld nicht essen kann.“

Ideale zu haben, gibt dem Leben nicht nur Halt und Richtung, sondern es ist ein Schatz, den wir wie einen Samen im Herzen tragen und der sich zu entfalten beginnt und unser Leben nährt und bereichert. Ein Ideal ist wie ein Traum, eine Vision. Das heißt: Wir werden allmählich zu dem, auf das wir unsere Aufmerksamkeit richten. Das Ideal trägt also dazu bei, unsere

Persönlichkeit zu entfalten, uns in das Potential, der in uns angelegten Qualitäten, hinein zu entwickeln. Ideale zu haben, sind Geheimnisse, die wir leben und Krücken, mit deren Hilfe wir uns zum letztendlichen Ideal oder Ziel fortbewegen. Irgendwann, wenn der Tag kommt, werden wir die Krücken zurücklassen und schreiten selbstverständlich in der Wahrheit des Augenblicks, in unserer Wahrheit des Da - Seins.

Die Botschaft, die uns Hazrat Inayat Kahn gebracht hat, hat er natürlich weder erfunden, noch gefunden, noch hat sie da begonnen. Niemand kann sagen, wann der Sufismus in die Welt kam. Wenn wir dieses Wort von Sophia, was Weisheit heißt, ableiten, dann wird uns klar, dass er schon immer da war und dass wir es an keiner Person der Geschichte festmachen können. Wir können seine Wurzeln zurück–verfolgen bis in die ägyptischen Mysterien oder bis in innerasiatische schamanische Kulte. Weisheit begleitet nicht nur die Menschheit in ihrer Evolution, sondern Weisheit und diese ihr innewohnende bedingungslose Intelligenz haben das Entstehen von Materie, Leben und Kultur bewirkt.

Zweifellos hat das, was wir unter dem Begriff Sufismus verstehen, seine Blüte in Musik, Poesie, Kunst und Verherrlichung im islamischen Kulturraum gefunden. Er hat sich zu einer Fülle von Formen, Übungen und Ritualen entwickelt und ist in vielen Sufiorden relativ eng an den Islam geknüpft. Der universale Sufismus verleugnet in keiner Weise seine Wurzeln, ist aber über **eine** Religion, also auch den Islam hinausgewachsen. Alles Brauchbare und Sinnvolle aus Kunst, Wissenschaft und anderen modernen Lehren absorbierend, versteht er sich als eine esoterische, empirische Weisheitslehre, als reine Mystik, die wir im Kern jeder Religion finden.

Universaler Sufismus beruht auf Erfahrung, ist frei von Ideologie und Dogmen und nicht auf bestimmte Rituale oder spirituelle Techniken festgelegt. Er verbindet eben genau das, was die Menschen normalerweise voneinander trennt. Er richtet sein Augenmerk nicht so sehr auf die Unterschiede und die äußeren Erscheinungsformen, sondern auf das essentiell Verbindende. Er sieht die Einheit in der Vielfalt und verkörpert ein Höchstmaß an Toleranz für jeden spirituellen, philosophischen oder religiösen Weg.

So ist sein religionsübergreifender Charakter etwas ganz Wesentliches des interreligiösen Sufismus.

Universaler Sufismus ist für den, der eine Religion sucht, eine Religion, für den, der Mystik sucht, Mystik, für den, der Philosophie sucht, Philosophie und für den, der Wissenschaft sucht, ist es Wissenschaft.

Was also ist ein Sufi? Es gibt so viele Definitionen wie es Wege gibt. Hier einige, die mir besonders am Herzen liegen:

- Sufis sind Kinder des Augenblicks.
- Ein Sufi ist einer, der atmet und es bemerkt.
- Ein Sufi ist einer, der Abschied nehmen kann.
- Ein Sufi ist einer, der ein Geheimnis bewahren kann.
- Ein Sufi übernimmt die Verantwortung für sein Schicksal.
- Sufis genießen in Dankbarkeit das, was geschieht.

Was sicherlich ein besonderes Kennzeichen auf diesen Weg ist, ist ein beständiges sich öffnen für seine Mitmenschen. Diese Öffnung des Herzens macht es möglich, jedem auf seiner Stufe zu begegnen, eine Begegnung, die möglichst wenig geprägt ist durch die

Bewertungen, Beurteilungen und Vergleiche unserer üblichen Sichtweisen.

Betritt er eine Kirche, ist er ein Christ. Betritt er eine Moschee ist er ein Moslem. Betritt er eine Synagoge, ist er ein Jude. Betritt er einen Tempel, ist er ein Hindu oder Buddhist. Er missioniert nicht, sondern, ganz im Gegenteil, bestätigt er jeden Menschen dazu, seinen ihm gemäßen, eigenen Weg zu finden und zu gehen.

Was ist es also, was seinen ganz besonderen Beitrag für unsere heutige Zeit darstellt?

Zweifellos gibt es eine Vielzahl von Aspekten des universalen Sufismus, dieser Weisheitslehre, die in der heutigen Zeit von Belang sind und die in der modernen Welt mehr denn je benötigt werden. Auf einige davon, nämlich 1. Toleranz 2. Entschleunigung 3. Das Ideal und 4. Eine hervorragende Methode der Schulung und Praxis, möchte ich hier kurz eingehen.

1. Da ist als erstes die oben schon erwähnte Toleranz. Wie ist es in der heutigen Zeit nur immer noch möglich zu glauben, dass jemand, der auf der anderen Seite der Welt zu Gott oder dem Schöpfer betet, zu einem anderen Gott betet als man selbst. Ja man glaubt sogar, er würde zu einem falschen Gott beten und versucht diesen also zu bekehren, wenn nötig eben auch mit Gewalt. Wir alle wissen, die Geschichte der Menschheit ist nicht nur eine Geschichte der Kriege um Macht und Geld, sondern auch eine Geschichte der Glaubenskriege. Und wenn man sich den gegenwärtigen Fanatismus vor Augen hält, dann sieht man, dass da noch kein Ende in Sicht ist. Ja, nicht einmal in unserem so fortschrittlichen eigenen Land scheint es möglich oder zumindest höchst schwierig zu sein, dass sich Christen verschiedener Glaubens–richtungen wirklich annähern. Da baut der universale Sufismus Brücken, indem er die Essenz religiösen Erlebens herausschält

und so das gemeinsame betonend, wirkliches Verständnis und ein Nebeneinander möglich macht.

Zu diesem Zweck wurde von Hazrat Inayat Kahn die kosmische Feier, ein universeller Gottesdienst in Leben gerufen, wo alle Religionen gleichermaßen gewürdigt werden und wobei zu einem bestimmten Thema aus allen heiligen Schriften der Welt Beiträge gelesen werden. Diese Beiträge lassen uns spüren, wie die verschiedenen Ausdrucksformen und Betrachtungen alle aus der gleichen Quelle gespeist wurden und dem gleichen Ziel dienen.

2. Die Errungenschaften unserer Zivilisation erleichtern unser Leben, da unsere Maschinen uns viel Arbeit abnehmen und wir dadurch viel Zeit sparen können. Man denke nur daran wie lange früher eine Reise nach Amerika gedauert hat und wie lange heute oder wie lange ein Brief gebraucht hat und wie schnell das heute per E-Mail funktioniert und so weiter und so weiter. Wir gewinnen also viel Zeit, die wir wiederum dazu verwenden können, noch mehr zu produzieren oder zu kommunizieren und das machen wir natürlich auch. Wir befinden uns also in einem beständigen Beschleunigungsprozess, in dem immer weniger Zeit für unser eigentliches Dasein bleibt. Das führt logischerweise zu einer Sinnentleerung und zu dem was man früher Depression genannt hat und heute als Burn-out bezeichnet wird. Dem stellt der Sufi das meditative Leben gegenüber und fokussiert sich damit auf die entgegen gesetzte Bewegung, die man Entschleunigung nennen kann. Dies führt zu Entspannung, Überblick, Distanz und ganzheitlicher Heilung.

Meditation wird die Medizin der Zukunft sein.

3. Auf dem Gipfel des Materialismus und des Wohlstandes angekommen, stehen wir oft wieder vor der Frage des warum und wozu und ein tiefes Defizit kann fühlbar werden, ein Hunger unserer Seele oder

unseres Herzens nach geistiger Nahrung. Etwas Substanzielles, Sinnstiftendes will gelebt werden, doch wir haben manchmal im alltäglichen Konkurrenzkampf nicht gelernt, solche Aspekte in unser Leben zu integrieren. Dem Ruf unseres Innersten kommt die Weisheitslehre entgegen mit der Kultivierung alter unvergänglicher und doch immer neuer Ideale, die sich auf der Palette des Künstlers befinden und mit denen er die traumartigen, vergänglichen Erscheinungen auf die Leinwand des Kosmos zaubert.

Hier liefern nun die Lehren des universalen Sufismus eine Fülle von Idealen, die auch Qualitäten, Archetypen oder blumiger ausgedrückt die Namen Gottes genannt werden.

Die Arbeit mit diesen Qualitäten gipfelt in der Konzentration auf das höchste Ideal, den Unvergleichlichen, Ewigen. Durch die Konzentration auf das göttliche Wesen, beginnen wir es zu erschaffen, machen es zu einer Realität und beginnen uns in dieser Realität zu bewegen, zu leben. Der auf die göttliche Realität ein–gestimmte Mensch kann nicht anders als in Liebe und Güte zu handeln, die Belange und das Leben seiner Mitmenschen werden gleichsam zu den seinen und er wird kontinuierlich nach Vollkommenheit streben, danach Einheit zu erfahren.

4. Selbstverständlich wird hier niemand behaupten, dass wir dies nur im Sufismus finden, sondern dies ist der Kern jeder mystischen Schule oder Religion. Jedoch hat der Sufismus ein ganz einzigartiges System entwickelt, welches uns fördert auf unserem Weg des Erwachens und der Erleuchtung, welches uns hilft unsere Persönlichkeit zu entfalten und welches uns dahin führt den Zweck unseres Lebens zu erfüllen.

Die Methode ist die Kontemplation der göttlichen Namen. Diese Methode folgt dem Gesetz, dass man zu dem wird, worauf man seine Gedanken richtet, dass die Energie unserer Aufmerksamkeit folgt und dass wir somit unsere Realität erschaffen. Das heißt, dass wir in der Anrufung der göttlichen Attribute, diesen in unser psychisches und energetisches System Einlass gewähren, indem wir dafür Platz machen, uns leer machen von unseren Vorstellungen und Glaubenssätzen, um so unsere göttliche Erbschaft anzutreten.

Konkret an einem Beispiel kann dies folgendermaßen veranschaulicht werden:

Stellen sie sich einfach einmal vor, wie hektisch das Leben sein kann und wie leicht wir im Stress gefangen durch unseren Alltag getrieben werden. Vielleicht nur noch schwach, aber dennoch werden wir eine Sehnsucht nach Frieden in uns spüren. Diese Qualität also scheint die Lösung für unser Problem zu beinhalten und um diese zu manifestieren, verwenden wir das Vasifa (Vasifa ist das Wort der Sufis für Mantra) - Ya Salam: Salam heißt Friede und Ya Salam ist die Anrufung des Friedens: Oh DU, der Du Frieden bist. Wir sprechen nun dieses Wort in einem meditativen Zustand und wiederholen es für einige Zeit.

Die Wirkung dieser Methode beruht auf folgenden Aspekten:

1. Wiederholungen sind zirkulär und wir verlassen somit das lineare Denken und bauen allmählich etwas auf, zuerst im Unterbewusstsein, von wo aus es dann seine Wirkung entfaltet.

2. Es ist hilfreich, exotische Worte zu verwenden, weil sie uns nicht so vertraut sind, freier von unseren Assoziationen sind und deshalb können wir mehr auf die Wirkung des Klanges achten.

3. Diese Wirkung des Klanges, speziell auch der Vokale, bringt verschiedene Zentren unseres Körpers zum Schwingen und öffnet, belebt und befreit. Auf einer energetischen Ebene kommen wir in Resonanz mit dieser Qualität.

4. Wir verbinden uns mit der Bedeutung, der Idee, mehr noch mit dem Archetypen des Gedankens. Dadurch entziehen wir dem Stress unsere Aufmerksamkeit und nähren stattdessen den Samen des Friedens

5. Dadurch, dass diese Worte, diese Klänge schon seit Jahrhunderten von vielen Menschen immer wieder als heilige und heilende Worte verwendet wurden, haben sie eine besondere Intensität und sind mit einer speziellen Kraft aufgeladen. Diese Vasaif bilden so eine Art Schneise, eine Spur, die es uns erleichtert den Segen dieser Qualitäten zu empfangen.

Jeweils nach den folgenden Kapiteln, die sich auf poetische und prosaische Weise auf spezielle Themen beziehen und um ganze Themen–komplexe kreisen, wird genau dazu eine Übung vorgestellt, in ihrer Anwendung erklärt und in ihrer Wirkung beschrieben.

Diese Übungen wurden früher zum Teil geheim gehalten und erst entsprechend fortschreitender Einweihungsstufen dem Adepten oder Mureed, wie die Schüler bei den Sufis genannt werden, zur Praxis gegeben. Diese Übungen sind mittlerweile freigegeben und können damit einer breiteren Öffentlichkeit von Nutzen sein. Es ist die heutige Zeitqualität, die es erfordert, dass die Schätze der alten Sufi – Meister den Menschen zur Verfügung gestellt werden.

1. Wahrheit und Ekstase

Das Heilige

Gibt es etwas, was dir heilig ist? Dreht sich dein Leben um das, was dir wirklich wichtig ist oder bist du mit Überflüssigem beschäftigt und unerfüllt?

Du musst nur schauen, was du sehr gerne tust, das ist der Schlüssel. Darin verbirgt sich das, was dich erfüllt. Erfüllung schafft Raum, erweitert und dehnt dich aus und schafft so den Raum für das Heilige in dir. Wenn du eine Erweiterung deines Bewusstseins über seine bisherigen Grenzen hinaus erlebst, dann ist das immer Erleuchtung, eine Zunahme von Licht und Durchblick. Nun, das haben wir alle schon oft und immer wieder erlebt. Wir alle kennen diese Lichtblicke und Sternstunden im Leben. Doch oft ist es schwer das Licht zu halten, sowie die Intensität und die Inspiration dieser Erfahrungen zu ertragen. Diese Energie sprengt deine Grenzen. Du solltest vorbereitet sein, sonst brennst du, beziehungsweise dein Körper aus. Die Energie wählt dich, dringt in dich ein und du musst ein geeigneter Behälter dafür sein. Du brauchst gute Erdung, ein stabiles, gesundes Fundament.

Wenn du dann den heiligen Funken in die Welt trägst, wird er dir überall begegnen, dich nähren und beglücken.

Tänzerisch und hingebungsvoll ist dieser Weg, bis wir leer und still werden, gleich einem Spiegel, in dem sich ewiger Glanz und Liebe reflektieren.

Was ist heilig, wenn nicht dieser Moment, der immer alles bereithält, was wir in diesem Moment brauchen. Warum also sollten wir ihn verlassen? Einfach glücklich sein in diesem vergänglichen Augenblick. Könnte ohne Vergänglichkeit überhaupt etwas werden?

Wir spielen ein Spiel, dessen Anfang wir nicht kennen und von dessen Niemalsenden wir nichts wissen. Wir tanzen einen Tanz ohne uns zu bewegen, ohne den Wunsch irgendwo anzukommen. Deshalb sind wir die glücklichen, weil wir glücklich sind. Wir sind wie der Fluss, der sich nicht zu beeilen braucht, weil er ein Fluss ist und fließt und nicht den Ozean zu erreichen braucht, um zu Wasser zu werden.

Wenn wir also beginnen im Heiligtum des Augenblicks anzukommen und zu leben, dann beginnt sich der alltägliche Stress allmählich aufzulösen und es spielt keine so große Rolle mehr wo wir uns befinden. Warum auch sollte ein Ort heiliger sein als ein anderer? Warum sollte irgendwo mehr von Gott vorhanden sein wie woanders. Das wäre absurd und wir würden Gott begrenzen, wenn wir so denken.

Natürlich ist es hilfreich, wenn wir bestimmte Orte aufsuchen, wenn wir zum Beispiel in eine Kirche, einen Tempel oder in die Natur gehen. Eine spezielle Atmosphäre kann uns helfen näher zu uns selbst zu kommen und wenn wir dieses Selbst betreten, mit ihm verschmelzen, dann betreten wir den inneren Raum unseres göttlichen, heiligen Seins. Deshalb fühle es ruhig, auch du bist heilig und ein Resultat der Vereinigung des Ganzen.

Manchmal mag man sich fragen, warum nur lebe ich und liebe gerade dich?

Ich kann nicht anders! Ich will dich gewinnen!

Und auch wenn du mich zappeln lässt, so werde ich mich doch immer mehr bemühen, um in die Falle zu tappen.

Mein zärtlicher Schrei wird mich begleiten, wenn du mich verschlingst.

Das ist die wahre Liebe und die findest du an jeder Ecke und die ist ein heiliger Ort.

Das Heilige erwartet auch den Sünder, den Sonderling, um ihm die göttlichen Geschenke zu überreichen. Der Böse handelt aus seinem Schmerz heraus und der Sünder erst erlaubt Gottes süßes Verzeihen und sich selbst die Reue und den Genuss der Tränen.

Schau nicht zurück! Warum nicht? Bringe die Dinge zu Ende. Schau voraus! Warum?

Dein Leben ist das Ergebnis deiner Erwartungen. Erwartungen sind Herausforderungen. Herausforderungen sind Geschenke Gottes und natürlich ist er dein bester Lehrer.

Die Mitte

Ein Reicher zeigt auf sein Reich und sagt: Das alles gehört mir. Du bist höflich und schweigst, weil du weißt, dir gehört die ganze Welt. So wirst du fühlen, wenn du eintauchst in das, was man Einheitsbewusstsein nennen könnte, wenn du den heiligen Raum betrittst.

Der heilige Raum ist die Mitte und die Mitte ist nicht verrückt. Und da ist dieser rote Teppich, auf dem du schreitest und den man dir nicht wegziehen kann. Also beteilige dich ruhig an der Organisation von Absurdistan, geh ins Büro, mähe deinen Rasen oder mache deine Einkäufe. Tu einfach, was zu tun ist, denn allzu viel Zeit wirst du nicht haben. Das ist die Herausforderung! Denke an deinen Tod. Voranschreitend kommt man zurück zum Einzigen. Das Bewusstsein ein Wesen, ein geistiges Wesen zu sein, heißt keine Angst mehr zu haben vor dem Tod. Das wird die Beziehung zu den Menschen begradigen und du rückst näher an dich selbst heran. Kannst du jetzt deine Lebendigkeit spüren und sie auch ertragen? Es gibt so viel zu tun. Das Leben ist so reich und voller Möglichkeiten und das letzte, was du in diesem Leben tun wirst, ist sterben.

Wir leben in einer seltsamen Welt. Es ist wie im Irrenhaus: Alle spielen wie besessen ihre Rollen. Sei einfach du selbst und du wirst diese Anstalt verlassen und deine Wirklichkeit betreten, eine Bühne, wo nichts mehr eine Rolle spielt, außer der Liebe, die mich nicht mehr verlassen möge. Bei allem, was mir widerfährt, geht es immer nur um das Eine. Wen auch immer ich treffe, es ist immer derselbe, denn es gibt ja nur den einen. Ich lasse mich nicht mehr täuschen: Mein Business ist die Liebe und ich bin die Mitte des Universums. Die Mitte ist die Liebe und die ist mir heilig.

Entwicklung

Wenn du dich spirituell entwickeln willst, dann sprich mit dem Unaussprechlichen. Sprich mit deinem Wesen oder verbinde dich mit dem Wesen des anderen. So wirst du dem Geheimnis begegnen, dem Geheimnis, das in jedem ruht. Es ist das Geheimnis der Liebe. Es ist die Essenz der Rose. Es ist ihr Duft, der dich berauschen wird. Dieser Genuss trägt dich näher an das Geheimnis und du verschmilzt mit der Liebe, mit deinem Wesen, mit dem einen Wesen.

Für diese Entwicklung brauchst du ein starkes Fundament, gute Erdung und gesunden Menschenverstand. Dieser Weg ist nichts für Spinner, obwohl, ein wenig verrückt sind wir schon, die wir uns nicht so leicht mit weltlichen Errungenschaften zufrieden geben. Unsere Basis ist im Himmel. Auf Erden steht ja alles Kopf. Doch nicht den Kopf verlieren: Nichts ist unverrückbar, nichts ist unveränderbar. Alles ist offen. Wir sind es, die wir den Ernst in die Dinge geben. Nimm die Welt nicht ernst, sondern liebe sie. Es ist nur ein Spielfeld und der Ausgang ist offen und alles ist möglich, wenn du es für möglich hältst.

An welchem Punkt könnte Entwicklung aufhören?

Wo würdest du stehenbleiben und ruhen?

Der Fluss endet im Meer, aber nicht sein Wasser. Dort enden auch die Fragen und je tiefer wir sinken, desto friedlicher wird die Stille. Dort empfangen wir Antworten auf nie gestellte Fragen und neue zarte Anfänge versprechen neue Abenteuer, wenn wir bereit sind und dies wünschen.

Von diesen Reisen kommend, bringen wir immer wieder aufs Neue die Ernte heim und bereichern mit unseren Erfahrungen die Software des kosmischen Computers. Doch nicht, weil wir das müssen, sondern aus Sehnsucht oder einfach nur so. So scheint es zumindest. Wohin soll das nur führen?

Nun zum Glück natürlich. Was sonst wünschen wir uns außer glücklich zu sein. Zweifellos gibt es die verschiedensten Strategien um dieses Ziel zu erreichen. Der Materialist wird versuchen sich durch wachsenden

Wohlstand zufriedenzustellen, während der Idealist glaubt durch die Verwirklichung seiner Ideale dieses zu erreichen. Man sieht also, dass es natürlich von der Einstellung abhängt, welchen Weg man einschlägt.

Sufismus

Der Mystiker strebt nach Wahrheit, nach der Erfahrung von Einheit und kultiviert deshalb sein Herz, um seine Liebesfähigkeit zu erweitern, bis sein Herz alles umfassen kann, nichts mehr ausgrenzen muss und so eins wird mit dem, was ist und einem widerfährt.

Was also ist ein Sufi?

Das ist einer, der sich nach Freiheit sehnt. Universeller Sufismus ist nicht nur die esoterische, mystische Seite des Islam. Sondern es ist der Kern jeglicher Religion. Religion als ein bewusstes sich wiederverbinden mit der Quelle, mit der Essenz, mit dem, aus dem wir hervorgegangen sind. Universeller Sufismus hilft uns den Alltag zu leben, denn das Leben besteht ja aus genau diesem. Er will und wird aus dem Alltag ein Fest machen, bis er alles alltägliche verloren hat.

Wenn wir das Wort Gott verwenden, wissen wir alle, was gemeint ist und doch beinhaltet es immer ein Konzept, eine Vorstellung von Gott und die Vorstellung, die wir uns von Gott gemacht haben, ist natürlich nicht Gott. Wenn ich dieses Wort verwende, dann meine ich die Summe von allem, was da ist, sichtbar und unsichtbar, Mikro- und Makrokosmos und die Kraft und Intelligenz, die dies alles bewegt und zusammenhält. Das Wort Gott wird heutzutage gerne ersetzt durch Worte wie Energie, Matrix, Quanten, Geist, Universum und dergleichen. Ich liebe das Wort Mysterium, denn das Geheimnis hat etwas weibliches, etwas verführerisches und lockt uns immer tiefer und tiefer hinein in die Magie unseres Seins.

Ja, wir glauben irgendwie an Gott. Ja, das stimmt, aber wir glauben auch an uns und daran, dass es möglich ist, mit dem Mysterium zu leben und mit ihm zu verschmelzen.

Wohin ich schaue – er schaut mich an.

Was auch geschieht – er lässt es geschehen.

Was ich auch tue – er gibt mir die Kraft.

Doch wo bleibt da mein Wille, mein freier Wille, sein größtes Geschenk. Ich gestatte mir es anzunehmen und beschließe zu wollen, dass sein Wille geschehe.

Suchender, es ist schon da, wenn du den Kampf gegen das Leben beendest. Mit müheloser Leichtigkeit fließt dann alles durch dich hindurch, alles, was du gesucht hast. Die Zukunft der Gegenwart wird zur Gegenwart der Zukunft. Im Ozean dieser Präsenz werden die Steine geschliffen: Du eckst nicht mehr an, sondern gleitest im Geröll der Gezeiten. Dein Ozean lächelt dir zu: Das nennt man Gnade: Ein Frieden, der ganz lebendig ist.

Diese Dinge kannst du erfahren in der Meditation oder Kontemplation und auch in ganz alltäglichen Situationen, immer dann, wenn du dich öffnest, ganz öffnest dem gegenwärtigen Augenblick. Egal, ob du Musik hörst, durch die Natur spazierst, einem Menschen begegnest oder den Mülleimer entleeren gehst. Es lässt sich nicht direkt ausdrücken, denn es ist mehr ein Gefühl, weniger ein Gedanke als mehr ein Seinszustand.

Mit allem kannst du ihn beschreiben und doch immer nur umschreiben und so haben wir aus ihm, um ihn greifbarer zu machen, die Liebe gemacht, haben wir den Geliebten erfunden, der dir immer und überall in jeder Gestalt begegnet und auch in dir, du süße Verführung, wenn ich mich verliebe, um die Liebe zu schmecken und ihren Schmerz des Getrenntseins.

Doch nur in diesem Gefühl oder Zustand des Verbundenseins zeigst du mir, wenn es dir denn gefällt, dass es mich gar nicht gibt und auch nicht den Schmerz, sondern nur die Liebe, die ich jetzt nicht mehr zu erfinden brauche.

Religion ist Hingabe, ist Versöhnung mit allem, was ist in jedem Augenblick. Religion ist also keine Flucht, sondern eine beständige Prüfung.

Man mag denken, die Versenkung, die Meditation ist angenehm und bequem, aber wir werden dem begegnen, was wir hinter unseren Egostrukturen gut verborgen hatten und das wird verwirrend und schmerzhaft sein. Wir werden nicht versuchen dem zu entrinnen, nein, sondern wir werden das vermeintlich Schreckliche umarmen und durch den Schmerz hindurch zur Freiheit gelangen. Das heißt, wir sind bereit uns dem Risiko auszusetzen, verletzlich zu sein. Es ist die vollkommene Hingabe an unser Leben ohne die Flucht aus der Erfahrung des gegenwärtigen Augenblicks. Unser Schmerz kann sich dann in Freude verwandeln. Durch eine scheinbare Hölle führt der Weg in den Himmel und da wollen wir alle wieder hin.

Wir kennen das auch aus den Mysterien und Legenden der Antike. Auch da schon musste der Held den Weg durch die Unterwelt bestehen. Den Schatten zu begegnen, damit ist gemeint den Teilen von uns wiederzubegegnen, die wir meinten nicht ertragen oder akzeptieren zu können und die wir also weit weggeschoben haben, um sie wieder kennenzulernen und um sie zu integrieren, um die ungeliebten Anteile wieder ins Licht zu holen.

Präsenz

Wir können dem gegenwärtigen Augenblick gar nicht zuviel Aufmerksamkeit schenken. Er ist nichts von mir getrenntes, sondern das Leben selbst. Ich und er, der Vater und die Mutter sind eins und es ist nicht nötig, dem noch etwas hinzuzufügen. Warum also sollte ich noch weiterschreiben, nun, es ist die Freude an den Worten und dem endlosen Spiel mit diesen. Mögen die Worte ein Ausdruck sein für die Poesie und das geheimnisvolle Zusammenspiel aller Kräfte, die unser Schicksal bestimmen.

Ein Schlüssel ist, sich mit dem Beobachter zu identifizieren und nicht mit dem, was wir beobachten. Der Beobachter kann nur beobachten, wenn er präsent ist, wenn er ganz im Hier und Jetzt steht. Dieser erkennt dann, wie alle persönlich zentrierten Emotionen und Gedanken und die daraus folgenden Handlungen vergänglich, veränderlich und irgendwie hohl sind. Und dann werden wir noch erfahren, dass nicht nur das Beobachtete, sondern auch der Beobachter leer ist. Das, was beobachtet, kann nicht beschrieben oder gefunden werden. Wenn wir wirklich beobachten, können wir uns nicht mehr aufregen. Wir können dann jedes Drama, auch unser eigenes, mit Interesse, doch ohne Erregung, betrachten. Dann, wenn wir nicht mehr in uns selbst gefangen sind, dann in diesem Moment öffnet sich das Mysterium.

Dies erfordert unsere vollkommene Präsenz. In dieser Gegenwärtigkeit werden wir ganz lebendig sein und unser Leben wird sich in einem genussvollen ICH BIN kristallisieren.

Unzählige Male täglich sagen wir die beiden Worte ICH BIN. Doch kaum jemals sagen wir sie bewusst in dem Wissen, dass das Ewige sich in dieser kosmischen Formel ausdrückt, dass das Göttliche sich durch dieses Wort als das Einzige, was ist, bezeugt. Unser persönliches „ich bin" geht auf ein allumfassendes ICH BIN zurück. Es ist die mächtige dynamische Kraft, die sich in die Existenz hinein verwirklicht, mit allem, was mit ihr in Verbindung gebracht wird. Es macht also einen großen Unterschied, ob wir zum Beispiel denken: Ich bin stark oder ich bin schwach. Aus dem Geiste heraus schmiedet sich unser Schicksal. Und das ist mehr als nur positives Denken, ein Denken, das wir einfach nur dem negativen Denken entgegensetzen.

Ich kann nicht objektiv sein. ICH BIN allgegenwärtige Gegenwart.

Diese Worte werden den treffen, der sie benötigt. Sie finden zu guter Letzt auch zu dir.

Diese materielle Welt scheint wie ein Grab. So lasst uns immerfort sterben, in Liebe, um immerwährende Geburt zu erfahren, in Liebe.

Dies geschieht immerzu, mit jedem Atemzug.

Die materielle Welt ist innerhalb der geistigen Welt und die immaterielle Welt nicht außerhalb.

Dieses ICH kann nicht objektiv sein und doch ist alles möglich in der Unendlichkeit dieser Gegenwart. Wir müssen ja nur hinausschauen in das Universum, die Welt und seine Evolution, um die Vielfalt der Möglichkeiten zu erkennen.

Das Leben entfaltet sich durch die Hoffnung auf Entfaltung. Hoffnung ist das Vertrauen in die Großzügigkeit des Lebens oder Schicksals oder in die Gnade. Gnade ist das Geschenk, denn sie ist etwas, was wir uns nicht verdienen können. Das Leben selbst ist diese Gnade und wenn die Hoffnung grundlos wird, keiner rationalen Rechtfertigung bedarf, dann verschmilzt sie mit dieser allumfassenden, lebendigen Intelligenz, welche dann das erschafft, was unsere Sehnsucht für ihr Glück erhofft. Dieser unerschütterliche Optimismus, diese Hoffnung, die in die göttliche Liebe vertraut, verwandelt alles Missgeschick, Krankheit und Tod in Glück und Erfolg und alles wird möglich.

Dieser Gedanke „alles ist möglich“ ist göttlicher Natur, vollständig befreit vom begrenzten menschlichen Denken. Um dieses nun nicht nur einfach zu denken, sondern um es auch zu fühlen, tauchen wir ein in dieses berühmte Hier und Jetzt, welches der Eintritt ist in den Ozean des Seins, wo wir unbeschwert treiben in den Strömen der Zeit. Dabei hilft uns die Praxis der Achtsamkeit und wir können gar nicht achtsam genug sein, um uns nicht immer wieder im Gestrüpp unserer Konditionierungen und Reaktionsmuster zu verheddern.

Es ist nichts Rationales. Aus grundloser Gnade wirst du errettet, denn da ist nichts, was du bist, außer Gnade. Du wirst sie da treffen, wo du sie nicht erwartest, doch immer da, wo du bist. Wenn du dich öffnest, kannst du sie spüren. Und nichts kann dir jemals geschehen, denn da ist nichts, was du bist, außer dieser Fülle, ewig sprudelnd aus der Leere. Und das ist nichts rationales, sondern ein Hauch, eine leichte Brise, ein feiner Atem.

Der Atem

Der Atem verbindet Innen und Außen, Körper und Geist, das Grobe mit dem Feinen und er verbindet dich mit dem Rest. Er ist ein Schlüssel, mehr als alle Worte, die nur aus seiner Schwingung entstehen.

Deshalb atme tief und bewusst und sprich nicht zu viel.

Worte schneiden in die Oberfläche, messerscharf und hinterlassen manch blutige Spur. Wenn du Mut hast und hineinblickst in die klaffende Wunde, siehst du das Geheimnis, das nie ausgedrückt wird und selbst wenn, so wirst du es nicht verstehen. Und doch lässt es dich weitergehen, mitten im Dilemma auf dein Ideal zu, das, je näher du kommst, immer lebendiger wird, immer wahrer, bis es seine Augen öffnet, dir entgegenblickt und dir entgegenkommt mit jedem Schritt, den du wagst.

Dann atmet ihr zusammen. Dann entdeckst du, dass da nichts ist, dass da nie etwas gewesen ist, nur ein Traum, ein Atem und das Geheimnis.

Dem Atem kann gar nicht zu viel Aufmerksamkeit geschenkt werden. In vielen mystischen Traditionen werden seine Aspekte wie Volumen, Tiefe, Reichweite, Rhythmus und Zentrierung trainiert. Das wichtigste aber ist bewusst zu atmen, denn mit jedem Atemzug können wir uns wiederverbinden mit uns selbst und mit unseren feinstofflichen Aspekten.

Der Atem begleitet uns von Anfang bis Ende. Niemals stockt er und immer fließt er, er nährt und trägt uns. Er hat uns in dieses Leben getragen und ein letzter Atemzug trägt uns wieder hinaus in die andere Welt. Er ist ein Fluss ohne Ufer und er ist das Ziel unserer Reise, doch unsere Reise, das ist sein Ziel, oh du mein geliebter Freund, denn so will ich dich nennen. Durch uns erlebst du dieses Abenteuer. Wieso solltest du uns im Stich lassen? Ist das überhaupt möglich? Es ist eine Reise ins Unbekannte. Sie ist wie ein Fluss und die Reise gelingt und wir kommen voran, wenn wir im Fluss sind. In alle Richtungen fließt der Fluss ohne Ufer, von dir weg und zu dir hin. Nichts hat ihn je gebremst und nichts hat ihm je widerstanden.

Die Reise, die ich mache, ist schön und sie gefällt auch dir mein Freund.

Frage nicht nach dem Weg, auf dem du gehst. Frage nicht nach dem Licht, wenn du die Augen geschlossen hältst. Vielleicht ist es innen heller wie außen. Es ist da, wenn du darüber sprichst und es ist da, wenn du darüber schweigst. Du selbst bist das Geheimnis, das dich verschweigt und offenbart. Es ist in dir und du bist in ihm.

Der Heimweg ist innen und verborgen, unsichtbar und doch immer offen und niemals irgendwo anders. Der Atem führt uns, er braucht uns und wir ihn. Wir brauchen Sauerstoff, weil wir brennen. Wir sind ein Feuer und wenn es wirklich brennt, dann gibt es nichts brennbares, was es nicht verbrennen könnte. Diese Flamme ist Licht, reine Intelligenz. Sie ist ein flammendes Schwert. Dieses seziert und erkennt die Unwirklichkeit unserer egozentrischen Gedankenspiele mit dem Ziel diese in Rauch aufgehen zu lassen, damit ruhige Klarheit entsteht und wir unberührt bleiben können von äußeren Umständen.

Unser Leben ist immer absolut und die Wahrheit finden wir niemals irgendwo anders.

Wenn wir hier über das Heilige sprechen, dann ist das Heilende gemeint, das, was uns ganz macht, eben heil und vollständig, weil ihm nichts fehlt, wie der Wahrheit, für die es kein Gegenteil gibt. Wann immer die Menschen gebetet haben, haben sie diese Qualität angerufen in der Hoffnung sie so in ihr Leben zu ziehen.

Der Atem heilt, der Atem selbst ist heilig und wenn wir bewusst atmen, können wir alles erreichen. Mit dem Atem kommt es in unser Leben, ziehen wir es quasi in unsere Sphäre und mit dem Atem geht es, verwandelt sich, löst sich auf. Wozu also regst du dich auf?

Alles ändert sich, warum solltest du dir Sorgen machen?

Fröstelt es dich in den Weiten des Universums?

Blicke von weit draußen, aus der unendlichen Schwärze auf diese blaue Perle, unseren warmen, saftigen Planeten. Die Sonne ist hier die Ursache für den Regen.

Gott ist der Musiker und dirigiert die Galaxien und wir schweben durch seine Symphonie der Vielfalt und tanzen unseren Weg durch das Drama zwischen Leid und Glück. Doch die Musik für diesen Tanz schreiben wir uns selbst.

Alles wird geboren, alles stirbt – worüber also regst du dich auf?

Der Tanz des Schicksals

Dass da etwas ist und nicht nichts, das lässt uns staunen und webt unser Schicksal. Wie könnte aus einem Vakuum, einem Nichts ein Pulsieren entstehen, wenn da nicht eine hohe Intelligenz das Bedürfnis hätte nach einem Spielchen, einer Symphonie in der Existenz. Materie ist eine Schwingung aus diesem Nichts und sie kann nie nicht schwingen. Sie tut dies stressfrei und höchst intelligent. Sie ist eine Existenzform des Nichts und ist ebenfalls nicht kompakt, besteht aus Lücken, fast gänzlich aus leerem Raum. So spricht heute auch die moderne Physik. Verdichteter Geist ist der energetische Grundstoff für die Form, in der der Geist seinen Ausdruck findet.

So schmieden auch wir im Geiste unser Schicksal. Und der Schmid steht immer in Kontakt mit seinem Auftraggeber.

Ich gehe nicht alleine meinen Weg durch die Sterne. Wir geben dem All eine Zukunft. Achtsamkeit öffnet die Tür. Es ist eine Tür, die sich nie wieder schließt, weil da niemals eine war.

Ich gehe durch die Tür und ich spreche mit dem Leben über mich und es sagt mir, es spreche immer nur mit sich selbst. Doch ich will nicht alleine sein. Ich sehne mich nach einer Liebschaft. Das Leben sagt, nimm mich, ich kann dir all das geben.

Du blickst durch deine Seele und das Tor der Zeit steht offen. So siehst du das wahre Antlitz. Es spricht zu dir durch die immer offene Tür: Du bist nicht allein.

Wenn uns dies klar wird und sich in unserem Bewusstsein ausbreitet, wenn es körperlich wird und fühlbar, wenn das Kind spürt, dass es in den Armen der Mutter gehalten wird, dann schwindet die Angst und wir können uns hingeben, anstatt uns zu wehren und zu verhärten.

Verspanne dich und du wirst dich verwickeln. Entspanne dich und du wirst dich entwickeln. Wir komponieren unser Schicksal und wenn wir aufwachen, ist nichts mehr geregelt, aber alles ist klar und wir sehen das Wunder. Ja, alles ist dann ein Wunder und wir sind die Zauberer und Teil des großen Zauberers und seiner Kunststücke.

Wir brauchen dann fast nichts mehr, nur uns selbst, unser Selbst, ganz pur, wir selbst ohne etwas Hinzugefügtes.

Die Ekstase der Nüchternheit lässt uns einen neuen Rausch erfahren, eine neue Wahrheit, welche keine lauten Worte braucht, sondern ein Lauschen in der unergründlichen Stille.

Durch die Stille erfahren wir die Leere. Durch die Leere tauchen wir ein in die Fülle.

Wenn du dir die Frage stellst, wie oder wodurch spricht Gott genau in diesem Augenblick zu dir, dann nimm die Antwort an, ohne irgendeinen Umweg über den Verstand, ganz direkt und sinnlich. Und doch sind dann da immer noch zwei. Er und Du, so erfährt man noch nicht die Einheit, das Sein, das eine Wesen.

Er hält dich, wenn du innehältst.

Du bist in ihm und er ist in dir.

Lasst uns leise Worte finden für ein Gedicht der Stille.

Ein Gott der Schönheit erfüllt mein Leben.

Da ist eine Zeit der Tränen. Das ist gut.

Da ist eine Zeit der Schmerzen. Auch das ist gut.

Da ist eine Zeit der Arbeit. Das ist wichtig.

Da ist eine Zeit der Freude. Das ist schön.

Da ist eine Zeit der Liebe. Das ist wunderschön.

Tränen der Freude regnen auf den Altar der Hoffnung. Das tut gut.

Tausendmal schon hast du mein Herz wieder gewonnen. Du hast dich beständig gewandelt auf dem Weg und in welcher Form auch immer du mir erschienst, du warst einzigartig und nie konnte ich widerstehen.

Nun, welche Worte sollen wir wählen, wenn wir über die Wahrheit, das Heilige, über Ekstase sprechen wollen, wo doch die Wahrheit gar nicht ausgedrückt werden kann und doch in allem enthalten ist. Natürlich meine ich nicht so sehr eine Wahrheit wie zum Beispiel die, dass zwei mal zwei vier ergibt, was zweifellos eine Wahrheit unserer Welt ist, sondern die Wahrheit, welche unsere Welt trägt. Wir können sie erfahren und deshalb werden wir uns auf den Weg machen müssen. Es ist ein innerer Weg voller Schönheit und Abenteuer und kaum einer kehrt wieder um.

Übung zu Kapitel 1: Wahrheit und Ekstase

ALLAH HU

Die Übung besteht aus zwei Aspekten, dem Klang der beiden Worte ALLAH HU und einer sanften Bewegung des Kopfes.

Die Bedeutung der Worte:

Das Wort ALLAH ist allgemein bekannt und ist letztlich nur ein anderes Wort für Gott, für den Einen, den Einzigen und das bedeutet es auch im eigentlichen Sinn: DER, und es ist ein stark betontes DER, also sozusagen ein DERDER oder DIEDIE oder eben DASDAS. DAS Göttliche oder Allumfassende, Allesdurchdringende impliziert, dass da nichts ist außerhalb dieser Realität. Wir begegnen in diesem Namen dieser unglaublichen und kühnen Idee, dass da nur ein Wesen ist, ein Wesen, das sich in all dem manifestiert, was uns in der sichtbaren und unsichtbaren Existenz begegnet. Die Einheit findet ihren Ausdruck in der Vielfalt und diese Einheit kann auf einer energetischen, geistigen Ebene jenseits des Verstandes in meditativer Einstimmung erfahren werden. Einheit oder Vereinigung erleben wir in einem Akt der Liebe, der Hingabe. Das Göttliche personifiziert sich als der/die Geliebte in einem DU, welches untrennbar mit dem Ich verschmilzt.

Das HU steht für die Präsenz dieser Liebe und Einheit. Diese erscheint für immer und ewig im gegenwärtigen Augenblick. Es ist die allgegenwärtige Gegenwart, die identisch ist mit dem Ozean der Ewigkeit. Das HU ist das OM der Sufis. In unsere Sprache übersetzt, könnte man sagen, das HU heißt soviel wie: ES IST DA.

Diese beiden Klänge verbinden wir nun mit einer Bewegung:

Beim ALLAH senkt und hebt sich der Kopf. Wenn wir die erste Silbe sprechen, das AL- senkt sich unser Kinn zur Brust und unsere Aufmerksamkeit ist auf unser Herz gerichtet. Das A schwingt, vibriert im Herzen und erweckt es zu neuer Lebendigkeit, fast wie das sanfte Anschlagen eines Gongs. Dort im Herzen und nicht draußen in der Welt der 10 Tausend

Dinge werden wir fündig, dort begegnen wir unserem göttlichen Funken und von dort lässt uns die Kraft und die Liebe aufbrechen in unsere Welt, um uns gemäß unseres innersten Planes zu entfalten. Von dort kommt auch der Impuls, der uns beim –LAH den Kopf wieder heben lässt. Wir tauchen wieder auf zu unserer selbstverständlichen Lebendigkeit und Größe. Wie neugeboren begegnen wir jetzt dem Dasein, während wir jetzt mit dem Kopf wieder oben angekommen das HU sprechen. Das HU wird sanft langgezogen, nur gehaucht oder getönt. Alles schwingt im Klang dieses Vokals U. In diesem Moment der Wahrheit erfahren wir ganz wach, hellwach das Mysterium dieses Augenblicks, genau so wie er ist, ohne etwas hinzuzufügen oder wegzulassen. Wir genießen das Wunder des Daseins, das Wunder, dass da etwas ist und nicht nichts. Beim HU lösen wir uns auf in den Ozean des Seins hinein. Dem Erleben von Ekstase steht nichts mehr im Wege.

Für diese Übung wählen wir natürlich einen ruhigen Ort. Wir beginnen mit einigen Augenblicken der Stille, bis sich ein meditativer, konzentrierter und zugleich entspannter Zustand einstellt. Diese Übung ist zugleich ein Gebet, denn wir rufen das Göttliche, Ewige mit diesen Namen. Unsere Stimme ist natürlich und unsere Lautstärke uns entsprechend. Wir sprechen die Laute bewusst und intensiv, verinnerlicht und wiederholen die

Übung 11 Mal. Dann eine Pause, in der wir in der Stille einfach nur spüren, nachspüren, lauschen auf die Antwort unseres Rufens. In der Stille liegt die Antwort verborgen. Die Stille spricht zu uns. Dann wiederholen wir diese Übung noch 2 Mal. Das heißt wir haben 33 Mal das ALLAH HU gesprochen. Diesen Zyklus können wir, wenn wir die Konzentration halten können, wiederum 3 Mal wiederholen, so dass wir auf 99 Wiederholungen kommen. Jedoch sollten wir uns vor leeren Wiederholungen hüten. Lieber weniger und konzentriert als viel und unkonzentriert.

Der Segen dieser Übung ist unbeschreiblich und wird uns, mit ein wenig Disziplin und ohne dass wir bestimmtes erwarten, die Tore zu mystischem Erleben öffnen.

2. Die Reise

Der Ausgangspunkt

Beginne genau da, wo du bist. Beginne jetzt genau so, wie du bist. Das ist dein Ausgangspunkt und der ist optimal für dich.

In sich selbst verwurzelt zu sein, verändert die Qualität unseres Bewusstseinszustandes und es entsteht eine nie gekannte Tiefe. Wenn eine Situation eine Antwort verlangt, dann kannst du so dieser Herausforderung direkt begegnen. Erst durch eine Verzögerung bekommt der konditionierte Verstand die Möglichkeit, sich mit seinen Reaktionsmustern dazwischen zu schieben. Bist du aber nach innen konzentriert und fühlst deinen Körper als Bewohner desselben, dann kannst du frei und verhältnismäßig handeln. Also gib den Widerstand gegen dich auf. Dieser Widerstand kostet dich viel Kraft. So bringst du die Dämonen zum Schweigen und Verschwinden.

Im Voranschreiten lässt du den Weg hinter dir.

Der Verstand hat die Gewohnheit vor dem Jetzt zu fliehen. Aus der Vergangenheit holen wir uns unsere Identität, aus der Zukunft unsere Erlösung. So verpassen wir das Jetzt, das Kostbarste, weil es sonst ja gar nichts gibt, denn dein Leben war immer jetzt und weil es das Tor ist über die Grenzen des Verstandes hinaus in das Reich des Seins. Da ist es geschehen, im ewigen Jetzt. Nichts geschah jemals in der Vergangenheit und nichts wird jemals in der Zukunft geschehen.

In dem Moment, wo du erkennst, dass du nicht in der Gegenwart bist, wirst du gegenwärtig und wieder angeschlossen an das Leben.

Warum also noch Widerstand leisten? Genau hier, genau jetzt – beginnt dein Weg.

Bist du bereit für deinen Aufbruch?

Etwas winkt dir oder sind es nur die Blätter im Wind. Ewas ruft dich oder ist es nur das Rauschen eines Baches oder das Klingeln deines Handys. Etwas lockt dich oder ist es nur die Phantasie deiner Triebe. Etwas in dir ist bereit für den Aufbruch. Es wird sich zu dir durcharbeiten. Es wird sich seinen Weg bahnen, egal, was du tust.

Wohin soll dieser Weg dich führen? Er führt zu dir.

Spirituelle Arbeit oder der innere Weg besteht nicht darin irgendwohin zu gelangen, sondern darin, dass wir unserem Sein, unserer wahren Natur, gestatten, an die Oberfläche zu kommen. Was uns davon abhält und was uns davon abhält präsent zu sein, ist unsere Hoffnung auf die Zukunft und unsere Vorstellung von uns, die aus der Vergangenheit stammt. Fast unablässig produzieren wir Gefühle, von denen wir glauben, sie wären wirklich und real. Doch meistens beruhen sie gar nicht auf Tatsachen, sondern eben auf Vorstellungen und Annahmen.

Deshalb lassen wir uns in unsere Wirklichkeit hineinsinken, immer tiefer, durch alle schmerzlichen Schichten hindurch, bis wir erkennen, was wir wirklich sind, bis wir erkennen, dass wir nichts wichtiges tun müssen, um wichtig zu sein.

Was für eine Gelegenheit! Dieses Leben kommt so nie wieder. Und was ist das Wichtigste? Da zu sein für das Leben. Fühle es, deinen Körper, dein Wesen und öffne so die Tür zu immer noch tieferem und öffne die

Tür deines Herzens zu immer größerer Verbundenheit und Freiheit. Oder steige auf das Dach deiner Konstruktionen und tanze deinen Tanz und breite deine Flügel aus, kleiner Adler und singe das Lied deines Lebens und fliege mit dem warmen Licht deiner Sehnsucht und erleuchte die dunklen Ecken deines Hauses.

Du wirst alles schaffen. Aber erinnere dich daran, dass du nicht alles alleine schaffen musst: Das Leben wird dir helfen.

Welchem Lebensplan willst du folgen, wo das Leben sich doch beständig verändert? Es ist jeden Augenblick neu. Da ist nichts Altes unter dieser Sonne.

Angst fesselt an das Bekannte, doch gefesselt fühlst du dich oft fast tot. Jeder wird den Zweifel durchleben. Diese Reise begleiten lange Zeit immer wiederkehrende Qualen und die Nacht ist oft lange und finster.

Also fasse Mut, zerreiße die Fesseln. Brich auf, hinaus aufs weite Meer, ohne zu wissen, ob es überhaupt ein anderes Ufer gibt. Wenn du einmal Vertrauen gefunden hast, dann kann nichts es je wieder zerstören.

Krisen

Auch wenn du den Weg nicht kennst, vertraue dir oder besser deiner inneren Instanz, deiner Seele, denn sie kennt den Weg. Löse dich von den üblichen, äußeren Betrachtungen und gib dein Ego hin und deine Meinungen. Auch deine eigenen Meinungen müssen dich nicht besonders interessieren. Sage ruhig, ich weiß nicht weiter, damit du geführt werden kannst, denn das Ego kennt nicht das versprochene Land.

Vor allem in der Krise siehst du nicht, wofür sie gut ist. Dann genügt es, dir das zu geben, was an diesem

Tag, in dieser Stunde gut für dich ist. Und das gilt auch, wenn du fällst. Du erlaubst dir Hilfe anzunehmen und wieder aufzustehen und wenn du weitergehst, durch die noch dunkle Nacht, wird dir ein neuer Gott begegnen.

Wenn du verletzt bist und verletzlich, dann ziehe nicht in die Schlacht, gehe nicht unter Menschen oder gar in eine Kneipe, weil du Geborgenheit suchst. Dort wirst du leicht zum Opfer werden und unbewusst werden viele deine Schwäche ausnützen. Wenn du verletzt bist, dann kehre heim zu dir oder zu mir. Dorthin, wo du sein darfst, wie du bist. Der verletzte Wolf kommt erst aus seiner Höhle, wenn er genesen.

Die Krise hat immer einen tiefen Sinn, auch wenn man ihn in der Krise oft nur schwer erkennen kann. Sie ist eine Chance Ballast abzuwerfen, sich neu zu orientieren, inne zu halten, um klarer zu sehen, welche Schritte die nächsten sind. Die Krise ist immer die Chance zu wachsen, aus seiner alten nicht mehr zweckmäßigen Haut zu schlüpfen. Sie provoziert ein tieferes Vertrauen und in ihrer Intensität gewinnen wir nicht nur an Erfahrung, indem wir die Leidenstiefen unseres Lebens ausloten, sondern sie ist die grundsätzliche Triebkraft für Bewegung und unsere Evolution. Wenn es uns einfach nur gut geht, fallen wir anfangs leicht in Bequemlichkeit und Stagnation. So beginnen wir die Krise selbst als eine Hilfe zu erkennen und wir nehmen sie nicht nur an, sondern begrüßen sie wie einen guten Freund, der uns zur Seite steht. Und wir lernen allmählich alles anzunehmen, aus allem zu lernen, was uns auf dem Weg begegnet.

Nenne es wie du willst: Liebe, Licht, Wahrheit, Einheit oder eben Gott, zum Beispiel. Wenn du dich auf den Weg zu ihm gemacht hast, dann kommt die Zeit, wo alles sinnlos wird, wo du ohne ihn keinen wirklichen Schritt mehr tun kannst. Es wird deine größte Liebe sein. Und dann wirst du eins werden müssen mit ihm, bis du nichts mehr unterscheiden kannst von ihm, bis du dich in die Vereinigung gänzlich hineinschmelzen lässt.

Es wird ein Weg, auf dem man nicht mehr umkehren kann, nur stehen bleiben schon bereitet Qualen und ist fast wie stürzen.

Also freudig voran, mutig wie ein liebender Ritter, der kein Opfer scheut, um zu vollbringen, was vollbracht werden muss und sowieso vollbracht werden wird.

Unterwegs

Die Erde trägt uns durchs Universum. Das ist eine gute Nachricht. Und dass du es schaffen kannst alle Last hinter dir zu lassen und ganz frei zu werden, das ist auch eine gute Nachricht und auch, dass du dir jedes deiner Schritte bewusst sein kannst.

Wir haben genug von den schlechten Nachrichten. Solange wir nicht genügend Sicherheit in uns verspüren, wird das Leben auf der Erde auch nicht sicher sein. So lasst uns in Achtsamkeit gehen, schauen, atmen und sprechen. Alles lässt sich in einem Augenblick erkennen.

Unterwegs zu sein, heißt noch nicht angekommen zu sein, heißt sich an irgendeinem Punkt dazwischen zu befinden, eben auf der Reise.

Da ist immer dieser Fluss, in dem sich alles befindet, von dem alle sprechen und der die beiden Ufer trennt. Vielleicht sitzt du auf einer nebeligen Insel und siehst kein Ufer und sie sagen, du seiest nicht im Fluss, aber du weißt, du bist ein Reisender und unterwegs zum anderen Ufer.

Du wolltest jeden Tag leben wie ein Fest.

Langsam ahnst du, erkennst du, deine Reise hat einen Ausgangspunkt und einen Ankunftspunkt und sie sind beide vollkommen. Vergangenheit und Zukunft betrachten einander und das, was sie verbindet. Wo ist deine Insel, wenn die beiden Ufer sich vereinen?

Der Fluss, er kommt nicht und er geht nicht. Du wolltest irgendwohin und bleibst doch immer im Fluss.

Immer auf Reisen, immer am Ziel.

Solange wirst du Grenzen überschreiten müssen und das ist immer gefährlich, bis du den grenzenlosen Raum betrittst. Täglich wirst du das Leben neu erfinden. Vielleicht kannst du auch diesen Tag mit einem Lächeln im Herzen umarmen und dich selbst deinem Leben anvertrauen.

Es löst sich im Kreise die Kraft, aus der Mitte. Der Weg ist ein Rundgang. Der Standpunkt bestimmt, was man nicht sehen kann, sowie die Rückseite des Mondes. Was du nicht sehen kannst oder nicht sehen willst, ist nicht verschwunden. Selbst verschmähte Gefühle sind ungelebtes Leben. Auch das Nichtverstehen will gelebt sein und führt uns zum Verstehen.

Schon kreisen die Geier am Ende des Weges. Schon kreisen die Monde um deine volle Leere.

Abenteuergeist

Jeder Forscher, Entdecker, Künstler oder Mystiker braucht diesen Abenteuergeist, diese unglaubliche Lust auf das Neue oder noch nicht Bekannte. Da ist diese Sehnsucht, die nicht gestillt werden kann und die den Reisenden in Bewegung setzt und immer in Bewegung hält. Sie ist es, die uns Schiffe bauen lässt und hinausfahren auf ein Meer, ohne Gewissheit auf ein neues Land, aber mit einer unzerstörbaren Hoffnung auf etwas, auf irgendetwas vor uns, das aus unseren Träumen oder längst vergessenen Zeiten noch bekannt, bekannt aus Zeiten lange bevor unsere Reise begann. Verschwommene Erinnerungen an die Zukunft und klare Visionen von Hoffnung. Und diese Hoffnung ist stärker als die Angst.

Alles hat eine Zeit der Erfüllung. Die Sehnsucht danach zeigt sich schon sehr früh im Leben. Doch oft wurde sie begraben unter all den alltäglichen Befürchtungen und Einflüssen. Und so dauert es, bis es soweit ist. Dann hörst du den Ruf, etwas, was dich lockt oder braucht und es trifft dich ins Herz. Es ist der Ruf deiner Seele und du wirst ihm folgen.

Du wirst und kannst deine Reise nicht beenden, solange es nicht vollbracht ist. Egal, was du vorhattest oder begonnen hast, du wirst es beenden. Aber halte nicht fest an einer Form, wie dies auszusehen hat, sondern lass es sich so verwirklichen, wie es dies eben tut. Deshalb konzentriere dich auf deine Sehnsucht und nicht so sehr auf ihr Objekt. So bleibst du offen und dein Schicksal kann sich entfalten.

Der Schamane, der Abenteurer lebt nicht im Hafen.

Da sind viele Spielzeuge und viele Knöpfchen, die wir drücken können und die es uns erleichtern oder komplizieren. Auch in einem Leben auf Wohnzimmerniveau, wo wir die Oberflächlichkeit zelebrieren, gibt es Zufriedenheit. Ich aber schreibe für die Suchenden. Weltliches Wissen kann wie ein Nebel sein, in dem man die Sonne nicht mehr sieht.

Erträgst du die Fragen, für die es keine Antwort gibt, wie zum Beispiel: Warum ist da etwas und nicht nichts? Erträgst du dich selbst ohne Beschönigung?

Kosmische Religiosität kennt keine Dogmen und keinen geformten Gottesbegriff.

Nichts besteht für immer und nichts vergeht vollständig, außer – dieser Augenblick.

Die einen lauschen den Worten von Philosophen und Propheten, die anderen einem Heer von Talkern und Schwätzern. Doch ich will still sein in dir, denn du bist in mir. Es gibt genug von der Zeit. Entschleunigung ist ein gutes Wort. Oh Abenteurer, nimm dir zum Leben mehr Zeit und gib deiner Zeit mehr Leben.

Glück und Unglück gehen gemeinsam auf Reisen, haben unsägliche Abenteuerlust, gehen Hand in Hand, wie Zwillingsgeschwister durchs Leben. Sie konkurrieren nicht miteinander, aber sie können nicht ohne einander. Sie bleiben zusammen für immer und werden dich nicht einzeln begleiten und das ist ein großes Glück für uns, die wir neue Wege gehen und nicht mehr unterscheiden wollen zwischen Glück und Unglück. Wir üben uns in der wertfreien Betrachtung der Dinge und Ereignisse, denn diese werden ja erst durch diese zu etwas Gutem oder Schlechtem. An und für sich sind die Dinge ja nur die Dinge, eben einfach nur da und erst durch unsere Bewertung bekommen sie ihre besondere Bedeutung. Das heißt, nicht die Tatsachen machen uns Schwierigkeiten, sondern unsere Bewertung der Tatsachen! Stress entsteht durch eine Situation plus meine Reaktion darauf. Gelingt es jedoch diese automatisierte Reaktion wegzulassen, so entsteht eine neue Wahrnehmung und ein neues Erlebnis dieser Situation. Dieses Neue ist das Abenteuer und darauf gilt es sich einzulassen. Natürlich scheint es meist komfortabler und angenehmer sich in vertrauten Mustern zu bewegen.

Als es dir einmal ganz schlecht ging, was hast du da beschlossen?

Dieser Beschluss wirkt wahrscheinlich noch heute. Doch wie wäre es ohne diesen, wie wäre es, wenn es ganz anders wäre.

Stell dir vor, du bist ein Astronaut aus dem All oder ein Engel und hier gelandet auf der Erde. --- Siehst du, wie es wirkt? Wie es die Rolle lockert, die du hier spielst.

Kannst du erkennen, wie Gedanken die Materie bewegen?

Vieles musst du zurücklassen, wenn du den inneren Weg beschreitest. Doch irgendwann wirst du Zeichen erkennen und plötzliche Glücksgefühle und unerklärliche Freude erfahren, sowie tiefe Erschütterungen und unkontrollierbaren Tränenfluss, aber auch Frieden und einen lustvollen, prickelnden Energiefluss durch den Körper. Lasten fallen von dir ab. Visionen und Bilder fallen dir zu. Deine Wahrnehmungsfähigkeit und deine Sensitivität verstärken sich. Deshalb sei jetzt noch vorsichtiger, um nicht zurückzustürzen oder in Verwirrung zu geraten. Denn leicht lassen wir uns dann zurückgleiten in die alte, wohlig scheinende Dunstglocke.

Ja genau deshalb müssen wir immer so achtsam sein.

Unterstützung

Das, worum es hier geht, ist etwas ganz einfaches. So einfach, dass es vielleicht nicht leicht zu verstehen ist. Und doch weiß jeder, der den Weg gegangen ist oder geht, dass es kein leichter Weg ist. Einen leichten Weg zu wählen führt oft in große Schwierigkeiten und der schwere Weg, oft lange steinig und trocken, führt in immer leichtere Gefilde.

Es ist alleine kaum zu schaffen. Aber du bist nicht alleine. Da sind Gefährten und da ist Unterstützung. Immer, wenn du glaubst es geht nicht mehr, kommt von irgendwo eine Hand, ein Impuls, eine Chance. Darauf kannst du vertrauen. Darauf wirst du vertrauen.

Ich bin ein Reisender, doch manchmal des Reisens müde, denn wo ich auch bin, denn wohin ich auch komme, finde ich immer nur mich, bin ich schon da. Wozu also? Dieses Fortgehen geht nicht. Man kommt doch niemals nirgendwo an. Und selbst wenn ich vorangehe, falls es das überhaupt gibt, bleibe ich doch immer eingebettet in die wundersame Erde des Augenblicks. Und obwohl nichts bleibt, geht doch nichts verloren. Nichts geht, nichts kommt und niemand reist. Es ist das Ganze, was uns stützt.

So sitze ich also an meiner Bar der Erfüllung mit meinem Drink der Vergänglichkeit, umgeben von Reisegefährten und bin dennoch unterwegs auf einer inneren Reise: Hier hat man mir ein Ankommen garantiert. Vielleicht war ich ja immer schon da und habe es nie bemerkt. Vielleicht war es noch nie möglich, nicht da zu sein. Vielleicht wurden wir gar nicht erst geboren. Wir waren schon immer zusammen, sagte mir jemand auf dieser Reise. Welch eine Freude – mitten im Leben das Leben zu entdecken.

Wenn du dies liest, dann lass dich einfach auf diesen Moment ein. Nichts brauchst du zu tun. Nichts brauchst du zu denken. Es genügt, wenn du staunst und fühlst, dass dein Atem dir wichtig ist, dass du dir wichtig bist und das, was du brauchst.

Hilfe kommt immer dann, wenn du Hilfe brauchst. Doch du musst bereit sein Hilfe anzunehmen und offen sein. Auch musst du frei werden von der Vorstellung wie diese Hilfe auszusehen hat, denn sonst wird es dir vielleicht nicht möglich sein diese überhaupt zu erkennen. Sie kommt von innen und von außen. Alles arbeitet zusammen, um dich so werden zu lassen, wie du wirklich bist, wie du dich ersehnst.

Einst gab ich mich als stolzer Gockel, scharrte und krähte verzweifelt mit rotem Kamm. Da war Sehnsucht. Ich suchte Zukunft und erhob mich als Adler in die Lüfte. Die Flügel, die mich trugen, waren zu unterschiedlich, ein zu polares Modell, eine ungesunde Konstruktion. Ich quälte mich mit meinen Konzepten wie Disziplin, Aufgabe, Hingabe und Verzicht. Der Flug war ein Taumeln und oft mehr ein Stürzen. Doch jetzt kam Erkenntnis dazu. Ich suchte nach neuen Flügeln, die tragen. Ich wollte mühelos gleiten und Harmonie. Und jetzt kam Hilfe, die ewige Unterstützung: Die Gegenwart breitet ihre Flügel aus. Sie trägt dieses Herz mit ihren Schwingen. Aus dem Gockel wird ein Sufi, was für ein komischer Vogel.

Das Geheimnis des inneren Weges ist, dass es kein Weg ist, denn das, was du suchst, ist immer da und überall. Das einzige, was zwischen dir und deinem Ziel steht, ist deine Vorstellung von einem Weg, ist deine Vorstellung, dass etwas dazwischen steht.

Was ist zu tun?

Diese Vorstellung als Vorstellung wahrzunehmen.

Das genügt schon, um sich allmählich wieder freizumachen für den nackten Augenblick, denn das Ziel ist immer da, da, wo du gerade bist.

Das Ziel der Reise

Nun es gibt so viele Ziele, auch weltliche Ziele, die lohnenswert scheinen. Und wenn wir sie einmal erwählt haben, dann müssen wir sie auch erreichen, sonst werden wir uns nicht gut fühlen. Stecke dir deine Ziele nicht zu hoch, sonst wirst du dich frustrieren. Andererseits kannst du dir deine Ziele gar nicht hoch genug stecken, um dich zu motivieren und um dich nicht zu schnell mit zu geringem zufrieden zu geben. Die Erfolglosigkeit beim Erreichen weltlicher Ziele kann nicht kompensiert werden durch das Streben nach spirituellen Zielen. Irgendwie scheint das nicht zu funktionieren, denn wir sind nun mal in diese Welt gekommen, um diese zu erfahren und so müssen wir auch die Bedingungen der Welt annehmen. Weltflucht ist sicher nicht das Ziel, sondern die Welt ist ja das Ziel gewesen. Und da ist nur eine Welt. Das Spirituelle und das Profane sind nicht zwei verschiedene Dinge, sondern nur zwei Seiten einer Medaille.

Das Ziel der Reise ist die Liebe, doch das Ziel der Liebe ist auf allen Wegen das geheimnisvolle Spiel. Sie baut keine Schlösser auf diesem Weg und hat es auch nicht eilig. Und doch erschafft sie Unglaubliches und drängt uns beständig voran. Bei jedem Schritt, den du gehst, bei jeder Berührung deines Fußes mit der Erde kannst du es spüren: Du bist schon da. Und immer erwartet dich die Liebe.

Einst fragte ich einen Mitreisenden, was er denn in seinem Leben erreicht hätte und er antwortete: Nichts. Überrascht fragte ich, ob er damit zufrieden sei und er antwortete: Oh ja, ich bin sehr glücklich. Dieser Mensch schien mir ein großer Lebenskünstler zu sein, denn, um das sagen zu können, musste er sicher einen langen Weg zurückgelegt und vieles erreicht haben, um da anzukommen, wo das Glück zu finden ist. Da dreht es sich dann irgendwie um und das Ziel liegt nicht mehr da draußen, irgend so ein Etappenziel, sondern liegt innen, ist eine Qualität, ein Zustand, ein Gefühl, ist das Glück selbst. Im Grunde wollen wir ja nur eines und zwar glücklich sein. Doch wir haben sehr viele Vorstellungen davon entwickelt, was wir alles brauchen und haben müssen, um glücklich sein zu können. Eine Vorstellung davon ist sich beständig weiterentwickeln zu müssen, beständig besser zu werden, was natürlich sehr leicht zu Stress und Ungeduld führt. Dabei vergessen wir, dass dies ja sowieso geschieht, dass wir uns permanent entwickeln, persönlich wie kollektiv. Wir sind eingebettet in eine Evolution, aus welcher wir gar nicht aussteigen können und selbst wenn wir manchmal zu bremsen versuchen, so werden wir doch

Jetzt erst in dieser letzten Konsequenz wird die universale Qualität und Bedeutung von YA WAHABO erlebbar, spürbar.

Die Bedeutung von HAY:

Warum gehen wir auf Reisen? Aus Neugierde, aus Sehnsucht, aus Vitalität, aus Freude, aus Lebensfreude! Und genau das ist die Bedeutung von YA HAY: Das allumfassende Leben, der Lebendige.

Wenn wir uns lebendig fühlen, voller Saft und Kraft, wenn wir spüren wie das Leben in uns kribbelt, perlt und sprudelt wie Champagner so berauschend und süß, dann strahlen wir dies natürlich auch aus und entwickeln Magnetismus, welcher wiederum das anzieht, was lebendig ist und nährend. Ganz fraglos sind wir lebendig. Jedoch um diese Qualität in uns zum völligen erblühen zu bringen, rufen wir Ya Hay, den Lebendigen an, auf dass er sich in uns entfalte. Denn es ist nicht so, dass wir persönlich mehr Lebensfreude entwickeln, sondern in dieser Anrufung öffnen wir uns, um das göttliche, ewige lebendige in uns einzulassen, auf dass wir in den vollen Genuss dessen kommen, was uns das Leben zu bieten hat und was für uns vorgesehen ist. HAY ist die Kraft, die die Blumen erblühen lässt und wenn sie durch uns wirkt, werden auch wir zu einer Quelle für unsere Umgebung und werden großzügig, verschwenderisch alles nährend mit universaler Lebenskraft und Freude beglücken.

Die Übung:

(Siehe auch die Einleitung, wo verschiedene Aspekte der Verwendung und der Methode aufgezeigt werden.)

Die Arbeit mit den Vasaif besteht immer aus drei Schritten:

niemals das aufhalten können, was geschieht. Es geschieht, was geschieht, immer im richtigen Moment. Alles was beginnt und alles, was endet passiert genau im richtigen Moment und genau so, wie es passieren muss und nicht anders. Wir befinden uns in dieser Evolution und nehmen an ihr teil. Deshalb gibt es keinen Grund sich Sorgen machen zu müssen, egal, wo man sich befindet oder was man getan oder nicht getan hat.

Vielleicht hast du es zu lange vor dir hergeschoben. Jetzt ist es ein riesiger Berg geworden. Wie willst du den noch bezwingen?

Doch indem du dich auf den Weg machst, wirst du sehen, je weiter du voranschreitest bei dieser schier unlösbaren Aufgabe, desto kleiner wird der Berg, denn er schmilzt unter deinen Schritten hinweg, wie der Schnee an den Hängen im Frühlingswind.

Oft können wir das Ziel noch nicht erkennen, es scheint in zu weiter Ferne und seine Konturen sind nebulös und unklar. Es versteckt sich oder sind wir es selbst, die es verstecken. Schon als Kinder liebten wir das Versteckspiel, doch das Geheimnis musst du nicht suchen, denn du bist es selbst. Das Tor zum Geheimen öffnen, das ist die Initiation und das findet in der meditativen Einstimmung statt, einer Übung, die uns verwandelt.

Hinter allem, was du an die Worte ICH BIN anhängen kannst, kannst du dich verstecken oder du kannst es sein und es ist wahr. Jedes persönliche ICH BIN stellt so immer auch die Verbindung her zum alles umfassenden ICH BIN. Wer ist es, der da sagt ICH BIN. ICH BIN ALLES. Wenn du dieses Sein, dieses Land, das keinen Ort hat, betrittst, dann wird es kein Bedürfnis mehr geben sich zu verstecken oder nach etwas zu suchen. ICH - BIN das Ziel.

Es war wie ein Traum:

Ich saß in einem Cabrio und fuhr über Land mit fliegendem Schal. Ich war glücklich.

Ich fragte mich: Wohin fährst du?

Ich lachte und antwortete: Spielt das eine Rolle?

Da fragte ich wieder: Aber es geht doch um deine Zukunft?

Ich lachte erneut und antwortete: Welche Zukunft?

So fuhr ich weiter in ein Leben, das ich mir nicht vorzustellen brauche, in die Richtung meiner Träume, die ich noch träumen werde.

Alles strebt nach Vollkommenheit, auch unsere Träume zielen auf Erfüllung und in dieser Ganzwerdung erfüllt sich das Schicksal. Denn kommend aus ewiger Vollkommenheit kehrt alles dorthin zurück.

Übung zu Kapitel 2: Die Reise

YA WAHABO – YA HAY

Die Bedeutung von WAHABO:

Niemand wird bezweifeln, dass sich alles in beständiger Veränderung befindet, dass alles im Fließen ist. So kennen wir das Leben: Dinge, Ereignisse, Menschen kommen in unser Leben und gehen wieder. Wenn wir über ein gesundes, normales Vertrauen in das Leben, in uns selbst oder in das Schicksal haben, dann leben wir relativ angstfrei und sind im Fluss, wie man so schön sagt. Jedoch gibt es eine Vielzahl von Gründen, die uns daran hindern und meist klammern wir an den verschiedensten Dingen, Menschen oder Umständen eben gerade deshalb, weil wir dem natürlichen Fluss des Lebens nicht vertrauen. Die Übung YA WAHABO

dient nun dazu immer tiefer in diesen einzutauchen, um eins zu werden mit der Qualität des Fließens. Wörtlich übersetzt heißt es auch in etwa: Der Fluss des Lebens oder blumiger ausgedrückt: Der aus dem Überfluss ewig Schenkende.

Dies hat im Wesentlichen 3 Aspekte:

1. Wir können uns vorstellen an einem Fluss zu sitzen, um zu staunen über dieses beständige Fließen. Auf der einen Seite trägt dieser Fluss alles in sich und bringt es zu uns, es reißt nicht ab und wir werden beständig mit frischem Wasser versorg und allem, was wir brauchen. Und auf der anderen Seite nimmt er alles mit fort, was wir nicht mehr brauchen, was wir in ihn hineingeben oder loslassen müssen.

2. Wir können uns vorstellen, dass wir in den Fluss eintauchen, dass wir in ihm schwimmen und mit ihm davontreiben. Der Fluss trägt uns. Wir sind in ihm und wir spüren, dass seine Kraft größer ist als unsere. Und wir vertrauen ihm, weil wir wissen, er kennt den Weg und er wird uns genau dorthin tragen, wohin wir schon immer wollten, weil wir wissen, er fließt ins Meer, dorthin wohin alle Flüsse fließen, heim in die Heimat.

3. Und wir werden spüren wie dieses Wasser, in dem wir treiben und welches ja auch in uns ist und durch uns fließt, nichts von uns getrenntes ist und dass der Fluss durch uns fließt. Nicht wir sind im Fluss, sondern der Fluss ist in uns. Innen und außen verschmelzen und wir werden selbst zum Fluss. Und wenn wir der Fluss sind, dann sind wir zugleich überall, an der Quelle und an der Mündung und auch dazwischen schlängeln wir uns durch die ewigen Landschaften von ungezählten entstehenden und vergehenden Existenzen.

Es ist der Fluss selbst, der die Reise erlebt, durch uns und unsere Erfahrungen.

1. Wir sprechen, hauchen, tönen oder rufen die Namen: YA WAHABO – YA HAY (11mal, bzw. 3mal 11mal oder 3mal 33mal)

Die A"s in WAHABO zentrieren uns im Herzen und das O trägt uns hinein in den Strom.

Das HAY wird wie das englische high gesprochen, möglichst tonlos, aber kraftvoll nach außen.

2. Wir lassen das YA, das OH DU weg und denken WAHABO beim einatmen und HAY beim ausatmen. (wiederum 11, bzw. 33 oder 99mal)

3. Wir lassen den Klang der Laute in uns verstummen und gehen in die Stille. Jedes Vasaif ist zugleich auch ein Koan, ein Rätsel und mit dem Verstand nicht zu erfassen, sondern erst jetzt in der Stille, wenn sich die Qualität in uns zu entfalten beginnt, bekommen wir einen Geschmack des Geheimnisses von WAHABO und HAY.

Im Vertrauen auf die göttliche Erbschaft in uns, öffnen wir uns in den inneren Raum, um die Kraft und die Freude zu empfangen, die wir durch unsere Übung einladen, sich in unserem Leben zu manifestieren.

3. Gnade der Heilung

Ganzheit

Es gibt Heilung in der Form, dass etwas repariert wird, das heißt, es wird in einen Zustand zurückgeführt, in dem es schon einmal war und in dem es funktioniert hat. Es ist ein Zustand, den man kennt und auf den man sich verlassen kann. Diese Fähigkeit unseres Organismus ist unverzichtbar und erhält uns gewissermaßen am Leben.

Es gibt aber eine weitere Form von Heilung und auf diese beziehen wir uns hier hauptsächlich, und zwar ein Heilwerden im Sinne einer Ganzwerdung, was bedeutet, dass wir alles zu integrieren beginnen, was uns fehlte, was uns noch nicht vollkommen ganz sein ließ, oder andersherum, dass wir alles, was in uns angelegt ist, zur Entfaltung bringen, sichtbar werden lassen. Diese Form des Erblühens ist ganz natürlich und ein energetischer und transformatorischer Prozess. Wir steuern gewissermaßen auf etwas Neues zu. Dieser Prozess stellt immer auch eine Verwandlung oder Weiterentwicklung dar, eine Entwicklung hin zu unserem Heil, zu unserer Erfüllung. Diesen Akt des Gesundens nennen wir auch Selbstverwirklichung oder Realisation.

Der Körper

Um sich gesund zu fühlen, bedarf es natürlich zuerst einmal eines gesunden Körpers. Um dies zu erreichen, kommen wir nicht umhin diesen nicht nur wertzuschätzen, sondern auch diesen wahrzunehmen, das heißt seine Sprache und seine Bedürfnisse zu verstehen und anzunehmen. Die Sprache des Körpers ist immer eindeutig und direkt. Der Körper lügt nicht und die Informationen, die er dir gibt, führen dich auf einen direkten Weg, auf einen direkten Weg zu dir selbst. Wenn diese Beziehung zum eigenen Körper in Takt ist, haben wir in ihm einen guten Führer, einen guten Begleiter und ein gutes Gefährt. Diese Beziehung erfüllt sich nicht unbedingt nur dadurch, dass wir ihn zwingen oder beherrschen. Dadurch, dass er zum Beispiel einem Sportler zu Diensten ist, heißt nicht unbedingt, dass dieser ihn auch wirklich bewohnt und sich in ihm wohlfühlt. Unser Körper ist ein Geschenk und dankbar dürfen und sollen wir ihn genießen und erfahren.

Dein Körper ist kein Traum und selbstverständlich ist er nicht nur dazu da, um das Gehirn spazieren zu tragen, sondern genau wie Träume ist er eine Botschaft aus den Sphären des grenzenlosen Lebens. Auch Tagträume sind ein Orakel, denn deinem Lebenstraum wohnt deine Bestimmung inne. Wenn das Leben ein Traum ist, dann kannst du auch deine Träume leben. Schau auf deinen Körper. Er ist traumhaft, ein unglaubliches Wunder.

Lebe in ihm und lebe diesen Traum. Einen wundervolleren wirst du nicht bekommen.

Verspannung oder Spannung im Körper zeigt uns, dass wir nicht ganz in ihm leben oder zumindest nicht an dieser Stelle. Wir brauchen gar nicht so viel über unsere Irritation, unsere Hektik oder unser Versagen nachzudenken, sondern wir gehen zurück in unseren Körper und fühlen vor Ort, wie es sich da anfühlt, wie es uns da geht. Und wenn wir dann auch die dazu gehörigen Gedanken, die uns bedrücken, erkennen und empfangen, dann sind wir schon wieder auf dem Weg nach Hause zu uns, was der einzige Ort ist, wo es sich lohnt zu sein, denn da leben wir in der Fülle unseres Seins.

Der Weg aus der Krankheit ist ein Weg zu sich selbst. Behandelt werden muss der Patient, nicht die Krankheit. Schließlich hat er das Symptom produziert oder zugelassen. Deshalb soll seine Nahrung auch seine Medizin sein und umgekehrt. Und das bezieht sich auf alles, was er zu sich nimmt, auch sinnlich, intellektuell und geistig.

Das, was krankmacht, heilt nur, wenn man es verdünnt oder weglässt. Und dann braucht man einen Ersatz. Man muss die Lücke füllen. Man muss erkennen womit und hineinströmen lassen, das, was heilt, das, was hinter der Krankheit auf seine Chance gewartet hat.

Die ganz klare Aufmerksamkeit für sich, die Liebe zu sich, die ist es, die heilt und führt auf dem Weg zu sich selbst.

Der Atem der Stille möge dich beleben. Der Klang der Leere möge dich verzaubern.

Dem Komplizierten kann man nicht mit Kompliziertheit begegnen, das führt in eine Sackgasse, sondern mit Einfachheit.

Denke nur: Wie schön, dass es mich gibt.

Das Stimmige ist einfach und meist ist der Weg einfach, wenn er stimmt.

Denke nur: Wie schön es ist, dass es mich gibt und du wirst Leid in Freude verwandeln. Es geschieht durch die Liebe, diese heilende Kraft.

Das, was heilt

So ziemlich alles, was es gibt, kann auch der Heilung dienen. Die Elemente, Nahrungsmittel, natürliche und chemische Heilmittel, Berührungen, Energien, Erkenntnisse, Handlungen, Meditation, Gebet und so weiter und so weiter und die Liebe natürlich. Das entscheidende ist also, das herauszufinden, was in genau diesem Fall für diese Person gebraucht wird, um die Selbstheilungskräfte aktiv werden zu lassen. Dafür braucht man ein Gespür, Erfahrung und Intuition und die Liebe natürlich. Denn letztlich ist es immer die Liebe, die heilt, oder die Natur oder eben Gott, wenn man es so nennen will.

Die Liebe wird dich ins Herz treffen. Du wirst verliebet sein Tag und Nacht. Dafür brauchst du nichts zu tun. Du brauchst nur diesen Mut zum Nichts. Das ist der Ort, wo alle Programme und Verpflichtungen keine Rolle spielen, wo du dich in den Augenblick hinein gelöst hast.

Du brauchst die Liebe nicht zu suchen, denn sie findet dich.

Sie ist das einzige, was wirklich heilt. Sei gut zu dir. Segne deine Wünsche und folge ihnen und bald wirst du einstimmen ins große Gelächter.

Kümmere dich um dich, bleib dran und schau genau hin.

Wie oder wodurch wirst oder bleibst du krank?

Und vor allen Dingen wodurch wirst du gesund?

Wenn du das erkennen kannst, ist der Weg nicht mehr so weit.

Genieße die Euphorie des positiven Denkens und bleib dran, denn dieser Weg wird dich prüfen. Dieser innere Weg ist der Seelenweg. Er zeigt dir, warum du überhaupt da bist. Er braucht die Kommunikation mit dir selbst. Auf dieser Ebene gibt es nur ein Jetzt, mit dem du deine Wirklichkeit erschaffst und in dieser wird Krankheit keine Rolle mehr spielen.

Es wirkt jetzt.

Stell dir ruhig einmal folgende 3 Fragen:

1. Was macht dich krank?

Geh in die Stille, nimm dir ein wenig Zeit und tue es jetzt!

Du staunst, wie einfach die Antwort ist?

Ja, es liegt auf der Hand, wir haben es immer vor der Nase und laufen beständig darauf zu, oft mit blutiger Nase. So wird unser Schicksal daraus!

2. Was macht dich gesund?

Gönne dir die Zeit, lass die Frage in dich hineinsinken und lass die Antwort einfach kommen.

Wenn du weißt, was dich krank macht, dann weißt du auch, was dich gesund macht.

Schenke es dir!

3. Was hält dich gesund?

Du wirst jetzt nicht mehr viel Zeit brauchen für diese Frage.

Die Antwort ebnet dir den Weg in dein Leben, so, wie du es dir wirklich wünschst. Es ist deine in diesen Augenblick hinein projizierte Vision.

Und sie wirkt jetzt.

Nach all den Schicksalsschlägen, nach der Verzweiflung manchmal allein und leer, wie ausgequetscht. Das ist gut so. Das ist der Punkt Null. Jetzt kannst du neu beginnen. Jetzt kannst du die

Weichen neu stellen. Jetzt kannst du spüren, wann es Zeit wird für die neue Vision. Doch lass dir Zeit. Lass den Wolf in der Höhle, bis er soweit ist. Dann kommt er ganz von selbst. Also gib dir Zeit. Sei großzügig zu dir. Bald schon wirst du vor deiner Höhle stehen und alles wird vergessen sein im Anblick der Morgenröte deines neuen Tages.

Nichts bleibt, alles vergeht, beziehungsweise verändert sich. Die einzige Konstante, die wir erkennen können, ist die beständige Veränderung.

Und doch weiß man, dass da etwas ist, in uns und um uns, was unerschütterlich und fest ist. Wenn man bereit ist, das zu sehen, zu spüren und damit bewusst verbunden zu sein - im Grund sind wir es ja sowieso immer - dann ist es nicht mehr schwer den Wandel zu ertragen oder zu begrüßen.

Hingabe an den Wandel bedeutet Heilung, weil wir dann im Fluss sind. Hingabe an das Unwandelbare bedeutet Heilung, weil das der Fluss ist.

Krankheit ist nur ein Wort. In unserer Kultur verwenden wir dieses Wort, um eine Irritation einzugrenzen. Wir versuchen das Geschehen zu isolieren, wie wenn es mit dem Rest nichts zu tun hätte und geben ihm einen Namen. Doch vielleicht ist es manchmal besser die Sache nicht gedanklich festzunageln oder in eine Schublade zu stecken, aus welcher wieder herauszukommen oft gar nicht so einfach ist, sondern es als Prozess zu sehen, als Phase und als Übergang. Krankheit als Chance zu sehen, wird uns helfen und uns vollständiger machen.

Der Heiler führt den Patienten an den Punkt seiner Eigenverantwortung, wo er seinen Anteil an der Entstehung der Krankheit erkennt und von wo aus er sieht wie er weitergehen möchte. Die Kraft des Heilers kommt aus seiner Gegenwärtigkeit, die ihn aus einem unerschöpflichen Reservoir mit Energie,

Licht und Freude versorgt und aus der klaren Absicht zu heilen. Da bleibt kein Platz für den Zweifel.

Im heiligen Raum des Augenblicks vollzieht sich der Prozess der Ganzwerdung nur durch uns selbst. Und nur, was wir selbst erlebt und erfahren haben, gehört uns auch, wird ein Teil von uns, macht uns vollständiger und zu wahrhaftigen ganzen Wesen.

Der heilige Raum

Eines ist Fakt: Wir leben als unvollkommene Wesen in einer unvollkommenen Welt. Wir sind ungeduldig. Oft wissen wir nicht genau, was wir wollen, aber wir wollen es möglichst gleich.

Der Heiler heilt in einem Raum vollkommener Gegenwärtigkeit, den er aufbaut. Dieser enthält das Heilige und gibt den Rahmen, der Konzentration und Sicherheit ermöglicht, um was auch immer loszulassen, um in den Fluss zu kommen, um sich selbst zu begegnen, um im Körper zentriert, seine Mitte zu finden. Ziehe, atme diese Mitte in die Länge bis tief in die Erde und weit in den Himmel. So lockert und verschiebt sich dein Selbstbild. Du kannst schamanisieren und dir aus der anderen Welt verlorene Teile, Kräfte und Würde zurückholen.

Der heilige Raum ist immer genau da, wo wir uns befinden. Wir müssen ihn nicht suchen, sondern betreten, was dadurch geschieht, dass wir uns bewusst werden, dass wir uns in ihm befinden. Ein bewusster Atemzug kann schon genügen und wir treten ein in das Mysterium des Seins, in welchem alles geschieht und alles möglich ist.

Heilung geschieht durch die Kraft der Gegenwärtigkeit. Diese eröffnet einen Raum der Grenzenlosigkeit und Alchemie, in dem Prozesse der Bewusstwerdung und Transformation stattfinden. Es braucht diesen heiligen Raum, wo wir uns sicher und geschützt fühlen, wo wir vertrauen, damit wir uns öffnen können und unsere Wunde bloßlegen. Wie sollen wir diese heilen, wenn wir sie verstecken.

Problematische, unausgesöhnte Teile unseres Wesens erzeugen eine Kraft, die uns an die Peripherie zieht, weg von diesem Augenblick, um möglichst diesen unerlösten Themen, diesen unangenehmen Aspekten nicht zu begegnen. So entwickeln wir Kompensationsmechanismen, um uns irgendwie im Gleichgewicht zu halten, um Haltung zu bewahren, um eben nicht bloßgestellt zu werden.

Totale Präsenz verbindet uns mit der Kraft, die größer ist als wir und diese bestimmt die Qualität und Intensität der Heilung.

Erst durch die innere Arbeit, die Erforschung deiner selbst, gelangst du zum Verständnis des anderen, dessen, was du nicht bist, woraus du jedoch entstanden bist und was dich trägt und beständig durch dich strömt.

Es geschieht in diesem Moment. Heilung findet immer im Jetzt statt. Deshalb ist es die Hingabe an dieses Jetzt, die den Heiler und den Klienten verbindet und den Prozess der

Ganzwerdung in Gang setzt. Das ermöglicht einen neuen Umgang mit dem Leiden und öffnet die Türe, um unsere ungeliebten Teile zu integrieren. Dies ist ein Akt der Liebe und dazu gehört es auch als natürlichen Teil des Lebens, unseren Tod anzuerkennen.

Das Tor öffnen, das niemand schließen kann.

Wenn du schon am Zaun deines kleinen Gartens stehst und durch die Gitterstäbe hinausschaust in die Freiheit, wie damals als Kind, als es dir verboten war, den Garten zu verlassen, dann weißt du, wie sich das anfühlt, die Sicherheit zu opfern für die Freiheit, für den weiten Raum.

Es ist die pure Lebenslust.

Doch du musst deinen Garten gar nicht verlassen, denn in der Gegenwart deiner Präsenz betrittst du überall den heiligen Raum, der innen ist wie außen und kein Zaun war jemals dazwischen. Selbst wenn du alle Tore schließt, bleibt alles offen und das heilige Wesen, in dem du immer lebst und das du bist, heilt deine letzten Befürchtungen.

Deine Baustellen

Es gibt da die Dinge im Leben, über die wir immer wieder stolpern, Dinge, an denen wir immer wieder hängenbleiben, irgendwie nicht vorbeikommen, Muster, die sich wiederholen. Natürlich neigen wir dazu diese Dinge zu beschönigen oder zu vertuschen, doch damit verpassen wir eine Chance. Es ist die Chance etwas zu verbessern. Wenn wir diese Problematik nicht als Problem sehen, sondern als Herausforderung, dann werden wir genau die Qualitäten entwickeln, die wir brauchen, um die Angelegenheit zu lösen. Herausforderungen fordern uns eben heraus und locken so aus unserem Potential das heraus, was nötig ist und sozusagen geboren werden will. Deshalb sollten wir unsere Probleme als Helfer begrüßen und als Hinweise verstehen. Sie sind unsere Baustellen, wo wir tätig werden können und unsere Kreativität gefragt ist.

Wenn wir eins sind, dann sind da auch keine Probleme und wir sind für alle Erfahrungen offen. Wenn wir Dinge jedoch ablehnen, werden wir genau diese wieder erleben. Ganzwerdung bedeutet, diese oft versteckten und verdrängten Teile wieder einzusammeln, alles das, was man nicht mag. Da, wo unser Widerstand ist, da ist unsere Baustelle.

Worüber grübeln wir am meisten und immer wieder?

An den Wiederholungen erkennen wir unser karmisches Thema. So klopft es an und will erlöst werden. Alles Übertriebene, Neurotische sind Knöpfe, die alte Blockaden aktivieren, denn es kann nichts passieren ohne Konditionierung, ohne vorherige Aktion. Wir aktivieren also immer wieder das, was wir mitgebracht haben. Am einfachsten ist es, man stellt sich, jetzt sofort, denn es wird nicht leichter, sondern nur schwieriger, wenn man es von sich wegschiebt.

Nun gut, das Leben mag manchmal schwer sein, - aber im Vergleich zu was.

Aus der Fülle der Eindrücke wählen wir normalerweise das aus, was uns bereits bekannt ist, was mit bereits Erfahrenem korrespondiert. Selbst unsere Phantasie ist nur die Summe und der Spiegel unserer Erfahrungen aus vergangenen Leben. Erst einmal wollen die Menschen gar nichts neues, das erscheint vorerst uninteressant. Das Alte hat seinen Reiz. Wir wollen nur neue Kombinationen. Das ist die Karmafalle und wir beginnen immer wieder von vorne. Auch unsere Gefühle haben ihre karmische Vorgeschichte, sind quasi deren Kurzfassung. So ist unsere Wahrnehmung also selektiv und subjektiv. Unser Unterbewusstsein speichert wie ein Computer für den späteren Gebrauch und vor allem das, was wir schon kennen und dient auch als Ablage für nicht gewolltes. Das laute innere Denken von nicht konfrontierten Problemen, den Schatten, wird unser Schicksal und wir werden von den anderen so behandelt, wie wir uns selbst behandeln.

Das Symptom ist immer die Lösung von einem gegenteiligen Problem. Es zeigt uns die Aufgabe. Der Schatten führt zur Qualität. Wir betrachten also immer auch das Gegenteil, wenn wir wirklich Heilung wünschen. Eigentlich laufen wir immer unseren Problemen entgegen. Unser Leben selbst ist unsere

Wirklichkeit, die wirkt. Von uns selbst kreiert, ist es auch unsere Therapie, die uns formt und informiert.

Doch oft haben wir mehr Angst vor der Lösung, dem Freiraum, als vor dem Problem, mit dem wir uns gut arrangiert haben.

Wir kämpfen jetzt nicht mehr gegen etwas, sondern für etwas.

So wie wir Menschen schon Künstler und ihre Werke als entartet vernichtet haben, so bekämpfen wir auch Dinge wie Krebs oder andere Krankheiten ohne zu verstehen, dass sie ein Ausdruck sind von etwas, das gesehen werden will. Es fällt leichter es zu bekämpfen als es zu verstehen. Man bekämpft nicht, was man versteht, sondern das Fremde, Bedrohliche. Man bekämpft es im Außen, da man es im Inneren nicht erkennt. Was ist mit dem bürokratischen Geschwür, dem wuchernden Parasiten, der sich selbst verwaltenden Verwaltung? Es ist uns so vertraut. Man gewöhnt sich an viele Abartigkeiten und nimmt sie nicht mehr wahr. Hier helfen Katastrophen oder Krankheiten, Wegweiser des Körpers, der beseelt werden möchte, sowie seelisches Potential sich nach Verkörperung sehnt.

Es wird viel geredet und viel geschrieben. Lebende Worte sind Poesie und transportieren das zu dir, was du brauchst, sind Gefäße für den alles durchdringenden Geist. Worte, in denen kein Leben ist, keine Begeisterung, sind tot. Hülsen für etwas, was gerade fehlt. Lasst uns fühlen, was hinter den Worten steht, welche Qualität sie losgeschickt hat.

Wie ein Mückenschwarm umschwirren uns Ideen, Meinungen, Gedanken in einem unablässigen Tanz. Es lohnt sich zu überprüfen, was von dem, was wir denken oder sagen wirklich wahr ist. Das führt uns in weniger schwüles Gelände und eine frische Brise verscheucht die lästigen Mücken.

Ja, natürlich müssen wir uns schützen und wir haben Strategien dafür entwickelt und Mauern gebaut. Doch Mauern werfen Schatten.

Auf der Suche nach Individualität schafft man Begrenzung, sondert man sich ab. Es ist das, was man immer Sünde nannte.

Jede Mauer trennt etwas Untrennbares in zwei Hälften. Hinter der Mauer ist etwas. Du hast bald vergessen, was es ist und kannst es dir kaum mehr vorstellen. So hast du Angst oder auch Wut und rennst gegen die Mauern. Doch hinter jedem Hass steht nur Liebe. Alle Gefühle sind Ausdruck und Variationen von ihr. Du wirst sehen, die Grenzen sind nur der Irrsinn dieser Welt, sie sind nicht real und doch da und wirken, wenn du sie zu deiner Wirklichkeit machst.

Der Teil von dir, der nicht verdunkelt werden kann, den niemand beschmutzen kann, der ist dein Zeuge, der sieht das und er flüstert dir zu: Tu nichts, lass geschehen, lass mich für dich handeln, denn ich tue nichts.

Nicht die billigen Ablenkungsmanöver, sondern das, was dich nicht an deine Wunde denken lässt, ist auch das, was dich heilt.

Die Regie übernehmen

Wenn du willst, kannst du die Regie übernehmen, wenn du den Regisseur in dir handeln lässt.

Und mache keinen Ozean aus deinen Problemen, sonst wirst du ins Schwimmen kommen. Definiere und grenze sie ein, formuliere ein klares Anliegen.

Wenn du klar bist und ehrlich, kannst du sehen, welche Einschränkungen und auch Vorteile dein Leid bringt und ob du wirklich bereit bist gänzlich darauf zu verzichten oder sie zu ersetzen. Du musst sehr konkret werden und dich erinnern, an was es dich erinnert und zurückgehen bis zum Anfang der Leiden. Du kennst es und du weißt es, sowie auch deine Zellen und Organe nicht vergessen. Alles kannst du sprechen lassen. Und du kannst endlich die Regie übernehmen in deinem Film der Illusionen und das alte, krankmachende Bild eines Erlebnisses, einer Szene umschreiben, neu inszenieren zu deinem Heilbild, zu genau dem, was du wünschst.

Für die neue Manifestation braucht es diese neue Grundlage. Durch diese Entwicklung löst man sich aus der Verstrickung und aus den Wunden entstehen neue Wunder.

Die Vergangenheit umzuschreiben, die Vergangenheit zu ändern ist eine Art Voraussetzung, um sich aus den alten Konditionierungen lösen und um den Weg freizumachen für unsere weitere Reise, die gleichzusetzen ist mit unserer Entwicklung und mit der Evolution im allgemeinen. Dies ist ein kreativer Akt und in diesem nehmen wir teil an der kosmischen Urtätigkeit und produzieren Visionen als ganz natürlichen und selbstverständlichen Vorgang. Wir müssen nicht darum ringen und kämpfen, sondern es geschieht wie von selbst, denn es ist unser Wesen kreativ zu sein, unsere Natur, die aus der Natur kommt.

Kreativität ist mehr als ein intellektueller Vorgang.

Jeder, der schreiben kann, kann schreiben, was er will. Er braucht gar nicht zu wissen, was er schreibt, denn er kann es dann ja lesen.

Man formuliert zuerst die Frage, das, was einem am Herzen liegt, und dann was einen blockiert oder was eine Lösung wäre für das Problem oder eine Entscheidung.

Jetzt schreibt man einfach drauflos, ohne zu überlegen. Man muss dabei die Antwort nicht denken oder suchen, sondern sie kommt, wird durch die Hand geschrieben. Bei diesem Prozess des Schreibens, des intuitiven Schreibens oder einer anderen Ausdrucksform des Lebens, werden unsere versteckten Gedanken und Motive sichtbar. Wir brauchen nicht versuchen, etwas aus uns herauszuquetschen, was auch gar nicht gelingen wird, wenn die Zeit nicht reif ist, wenn wir nicht bereit sind für diese neue Erkenntnis. Es geschieht eben, wenn wir es zulassen und so erfahren wir etwas für uns sehr wichtiges durch unsere Kreativität.

Dies ist tiefgreifende Therapie und wird heilende Poesie.

Staunend kann man so dem Eigenen begegnen.

Lausche, höre dir selbst zu.

Der Schmerz schmerzt nur, solange du Widerstand gegen ihn leistest. Wenn du ihn untersuchst, ihn genau erfahren willst und das auch tust, dann wandelt er sich und führt dich zu etwas neuem.

Wer verstanden werden will, muss zuhören. Höre dir selbst zu.

Das Glück ist eine sehr einfache Sache.

Manchmal ist es besser, die eigene Meinung gar nicht so wichtig zu nehmen oder erst gar keine zu haben, in süßer Indifferenz zu schwelgen, sich in Gleichmut zu üben.

Und dennoch braucht es einen starken Willen, um nichts zu wollen, ein starkes Ego, um eben dieses allmählich aufzulösen.

Und natürlich muss sich der Heiler, bevor er heilt, selbst heilen, das heißt mit seinem heilen Wesenskern verbunden sein. Dann geschieht es durch sein Sosein, durch Resonanz.

Wir können uns die Frage stellen: Welche Energie ist dafür verantwortlich, dass etwas immer wieder passiert?

Wir nehmen die Welt nicht direkt wahr, sondern gefiltert und an unsere Konditionierungen angepasst. Die Arbeit ist also seine Filter und überhaupt alles wegzulassen, was nicht Liebe ist, bis hin zum Wesenskern, der Liebe ist. Dabei hilft der Heiler oder spirituelle Lehrer.

Wenn wir mit unserer Essenz, unserer Wahrheit, mit dem Universum, das Liebe ist, in Resonanz sind, dann sind wir im Fluss und alles wird kommen und gehen ganz nach Bedarf, weil da keine Blockaden mehr sind und keine persönliche Geschichte, die wir oft nur ungern loslassen, weil wir uns durch sie definieren. Alle unsere Beziehungen werden liebevoller und klarer ohne diese Geschichte.

So ist es oft besser keine Meinung zu haben, als immer über alles seine Betrachtungsweise und Beurteilung zu stülpen, weil sich dann unser Wesenskern besser entfalten kann, ausstrahlen kann und anziehen kann, was uns wirklich entspricht. Wir suchen nicht mehr, sondern wir finden. Egal, ob den richtigen Partner oder Heiler, das macht keinen großen Unterschied, denn wir bekommen immer, was wir brauchen.

Gelassenheit praktizieren, beobachten und wahrnehmen, anstatt sich zu erregen und zu verstricken. Gute Gefühle, good vibrations, --- Gelassenheit strahlt aus und überträgt sich, ja auch Gesundheit ist ansteckend.

In der Medizin ist man auf Krankheit und ihre Ansteckung fokussiert und produziert damit Ängste. So baut sich ein negatives Feld auf, das genau das entstehen lässt, was wir befürchten.

Immer weniger entspannt im HIER und JETZT, aber immer mehr verkrampft im WENN und ABER, zwingen wir uns durch Depression und Schmerz die Suche wiederaufzunehmen, um die Sucht und das Leid zu entlarven.

Bei einer Krankheit ist der Körper zur Bühne für das innere Geschehen geworden. Es wird sichtbar, was nicht mehr stimmt und dass Krankheit uns zu korrigieren versucht. Alle Symptome sind wertvolle Hinweise für den Weg zurück zu uns, zu unserer Mitte, von wo aus wir unseren stimmigen Weg erkennen können. Dann haben wir verstanden, ein Licht geht uns auf und wir wissen, was wir zu tun haben und dass wir es können.

So entsteht ein positives Feld und auch dieses ist ansteckend.

Gesundheit und Krankheit sind relative Begriffe und unterliegen bis zu einem gewissen Grad dem Zeitgeist. Sie bedingen sich gegenseitig wie die Begriffe normal und anormal, werden austauschbar und drehen sich um. Wie oft empfinden wir plötzlich das anormale als ganz normal und das, was immer das Normale war, ist dann zu einer Besonderheit geworden. Was man in manchen Bevölkerungsschichten fast schon von der intakten Familie sagen kann.

Reibung erzeugt Wärme, fordert uns heraus und hält uns wach, ist also in einem gewissen Maß gesund. Gesund zu sein, bedeutet eben auch, bereit zu sein, um voranzugehen, manchmal auch ohne Rücksicht, ohne zurückzuschauen. Manchmal lassen wir das, was wir zurücklassen, dadurch auch endlich frei. Das Leben liegt dann wieder vor uns und du hast dein Leben vor dir, all das, was noch gelebt werden will und auch diesen beständigen Kampf gegen den Verfall, den wohl noch niemand gewonnen hat.

Kläre folgende Fragen in dir:

Wann willst du deine Vergangenheit in die Freiheit entlassen?

Wie lange willst du noch deine Zukunft behindern?

Wann willst du dich wirklich öffnen für den Strom der Gnade?

Was ist der Grund, warum du dieses Leben lebst?

Das heißt: Erstens, warum bist du überhaupt da? Und zweitens, warum lebst du dieses Leben genau so?

Beantworte diese Fragen schnell und ohne nachzudenken.

Übung zu Kapitel 3: Die Gnade der Heilung

YA SHAFI – YA KAFI

Die Bedeutung von SHAFI:

Wörtlich übersetzt heißt es der Heiler oder der Vermittler von Heilung.

Man sagt, es gibt da zwei Dinge, über die sich Gott besonders amüsiert und zwar, wenn ein Mensch behauptet ein Stück Land dieser Erde würde ihm gehören oder wenn jemand behauptet, er hätte jemanden geheilt.

Mit YA SHAFI rufen wir die in allem vorhandenen Selbstheilungskräfte an. Es ist die Natur selbst, in der das Potential zur Reparatur und zur Weiterentwicklung vorhanden ist. Diese Energie und Intelligenz wirkt sozusagen von innen heraus und es geschieht gewissermaßen ohne unser Zutun. Wir alle kennen das, wenn wir uns zum Beispiel geschnitten oder verletzt haben und wir zuschauen können, wie sich die Wunde wieder schließt. Es sind wir selbst, die diesen Prozess bisweilen durch unsere Ängste oder unser unsachgemäßes, verständnisloses Verhalten verzögern oder blockieren können.

Mit SHAFI stärken wir den Heiler in uns und das Vertrauen in die universale Heilkraft, die uns allen zur Verfügung steht.

Die Bedeutung von KAFI:

Es heißt: Das Heilmittel oder das, was genügt, was unabhängig macht.

Wenn wir uns dem Gedanken hingeben, dass alles sich aus der Realität heraus in diese Existenz hinein entwickelt hat, dann wird klar, dass alles ein Ausdruck des EINEN ist und dem einen dient in einem unendlichen Zusammenspiel. Das heißt auch, dass alles unserer Heilung dienen kann, vom Gänseblümchen bis zum Aspirin, denn es ist immer der EINE, der in allen Formen erscheint. (Ja, vielleicht auch als der Chirurg mit seinem Skalpell)

Wenn wir das Göttliche anrufen in seiner Funktion als KAFI, als das Heilmittel, dann ist es das, was genügt, denn es weiß letztlich besser, was wir benötigen wie wir selbst. Es ist das universale Heilmittel nicht nur für ein bestimmtes Symptom, sondern für jegliche Situation, das von der Quelle kommend, uns zu Heilung, d.h. Ganzwerdung führt. YA KAFI kann also in jeglicher Form von außen und innen zu uns kommen, um diesen Prozess zu unterstützen.

In der Kontemplation dieses Namens erkennen wir, dass selbst unser Wollen, unser Streben nach Heilung sein Geschenk, seine Gnade und sein Heilmittel ist.

Die Übung wird in drei Schritten ausgeführt wie bei der Übung von Kapitel 2 beschrieben:

1. Die Namen werden laut gesprochen

2. Die Namen werden beim Einatmen und beim Ausatmen ohne das YA gedacht

3. Wir baden in Stille in der Stimmung dieser Qualitäten

4. Einsicht und Psyche

Angst

Es gibt wohl zwei grundsätzliche negative Motive, die unser Leben auf diesem Planeten mitbestimmen. Es ist Angst und es ist Gier, wobei man sagen könnte, dass selbst die Gier aus der Angst resultiert. Natürlich liegt hinter jeder Bewegung, Emotion oder Gewohnheit eine positive Absicht, die aber in ihrer individuellen und konditionierten Ausprägung zu einer Pervertierung führen kann. Natürlich schützt und warnt uns die Angst und bewahrt uns instinktiv vor Schaden und Situationen, denen wir nicht gewachsen sind. Hilfreich wird es aber immer sein, wenn wir hinter der unsinnigen Gewohnheit die ursprüngliche Intention erkennen können und diese dann nähren und stärken, so dass sich dann die entarteten Strukturen wie von selbst auflösen können, da ihnen somit der Sinn und die Kraft entzogen sind. Auf dem inneren Weg ist die Angst kein guter Ratgeber oder Begleiter, aber bisweilen ein guter Wegweiser, denn hinter dem, was wir fürchten, liegt immer das, was wir suchen und was zur Vervollständigung unseres Glückes nötig ist.

Angst ist nichts Abstraktes. Da wir nicht isoliert sind, basiert sie auf Beziehung. Ist eine Beziehung blockiert oder man ist im Konflikt und schlägt sich mit einem Problem herum, dann führt es zu immer mehr Konflikt, wenn man sich zur Wehr setzt, während die Angst niemals in irgendeiner Form zurückkehren wird, wenn wir in sie eindringen und sie vollkommen verstehen.

Du hast ja gar keine Angst vor der Wirklichkeit, sondern vor deiner Vorstellung, die du ihr übergestülpt hast.

Es ist also dein Denken, ein Produkt der Vergangenheit, das eine Tatsache beurteilt und die Angst bleibt bestehen, solange dein Verstand die Sache so sieht.

Also schau es dir in Ruhe an und fühle das dazugehörige Gefühl. Es will gefühlt werden, erst dann kann es schwinden, wenn es ganz gefühlt worden ist. Selbsterkenntnis ist der Anfang und bedeutet das Ende der Leiden. – So ziehe deine Angst hervor und mache sie ganz konkret.

Du wirst deine Unruhe, dein Getriebensein spüren. Dahinter steht eine Kraft und deine Wahrheit. Selbstverständlich bist du hier, weil du etwas erleben wolltest und natürlich hast du etwas zu erledigen und es gibt einen Plan, auch wenn du ihn noch nicht kennst.

Finde heraus, ob du wirklich dein Leben lebst.

Präsenz an sich ist schon eine Kraft, die dich mit der Wahrheit, mit deiner Wahrheit konfrontiert. So beginnt der Ausstieg aus unserem Getriebensein. So schwindet die Angst.

Die Angst zu verlieren heißt, zu beginnen zu lieben.

Viele beschäftigen sich mehr mit dem, was sie befürchten, als mit dem, was sie lieben. Doch es geschieht meist, was man befürchtet.

Es kann sein, man schaut zu, wie alles vor die Hunde geht und man denkt, man kann nichts machen.

Wenn der Karren im Dreck steckt und man macht immer noch nichts, dann wird er darin versinken.

Angst ist immer existentiell, ist immer die Angst des Egos vor dem Tod.

Man traut sich nicht spontan und ehrlich zu leben und versteckt sich hinter einer Sicherheitszone aus Logik, Theorien und Konzepten und schließt die Türen und ist nicht mehr in Verbindung mit der Weite des Möglichen. Der Fehler ist, man hat Angst, Fehler zu machen und wird berechnend. Da rauszukommen ist kein leichter Entschluss und zieht einen langen und aufreibenden Prozess nach sich. Doch dies ist der abenteuerliche Weg zurück in die Freiheit, der einzige, der sich wirklich lohnt.

Die Angst zu verlieren heißt zu lieben.

Wirklich zu lieben, vorbehaltlos und selbstlos, heißt, endlich ohne Angst zu sein.

Der Geist kennt nur die Grenzen, die wir ihm auferlegen. Worte wie nicht können, unmöglich oder nie sind alte Beschränkungen einer angsterfüllten Vergangenheit. Der verwirrte Geist voller Furcht will gar nicht, dass die Zukunft anders wird als die Vergangenheit.

Wer Frieden sucht, dessen hauptsächliche Aufgabe wird sein, zu vergeben, die Vergangenheit zu lieben und zu lassen, die Gegenwart mit offenen Armen zu empfangen und die Zukunft vertrauensvoll in ebendiese gesegneten Arme zu legen.

Nichts ist so wie erwartet: Das ist eine große Entdeckung. Du bist offen für die Überraschung. Mit einem furchtlosen Lächeln begegnest du der letztendlichen Dimension. Aus dem Urgrund unseres Seins heraus blicken wir dann endlich ohne Angst auf die endliche Natur unserer Existenz.

Schmerz

Wenn die alten Wunden bluten, ist es oft nicht leicht zu ertragen. Durchbrennen, ablenken, wieder mal aufs Neue verbinden, geht nicht, du kommst nicht aus. Es brennt, nur mühsam, nein gar nicht, kannst du die Flammen bändigen und wohin mit dem Rauch, was machen mit dem Leid?

Nimm es in deine Arme, in dein Herz, sei großzügig, dort gibt es Platz, dort darf es sein, dort wird die große Mutter ihr Kleines wiegen, dort wird die alte Wunde heilen und alles wird gut.

Wir leben in einer Kultur der Schmerzvermeidung. Wir haben alles Mögliche entwickelt, um schon die ersten Anzeichen von Schmerz zu unterdrücken. Wir sind nicht mehr bereit und wollen es auch gar nicht mehr einsehen, Schmerzen in irgendeiner Form ertragen zu müssen. Selbstverständlich ist das verständlich und niemand wird oder soll Schmerzen als etwas Erstrebenswertes betrachten. Dabei wollen wir einmal gewisse psychische Verhaltensweisen und Kompensationsmechanismen, die den Schmerz als erotisches Element brauchen, außer Acht lassen.

Auf der anderen Seite aber verpassen wir, durch unsere Versuche dem Schmerz zu entgehen, eine wichtige Gelegenheit, um die Tiefen unserer Persönlichkeitsstruktur auszuloten. Er führt uns zu Angelpunkten der Erkenntnis, hinter welchen wir ungelebtes Potential freisetzen können. Hinter dem Schmerz lauert eine Sehnsucht, die wir nicht nur kennenlernen sollten, sondern die uns den Weg zeigt durch Botschaften aus unserem Inneren.

Des Weiteren bietet der Schmerz, den wir tragen, die Chance der Katharsis. Seine reinigende Wirkung kann sich entfalten und wir befreien uns zum Beispiel von karmischer Schuld. Manchmal kann dies ein Weg sein, um alte Rechnungen zu begleichen, um Dinge wieder in Balance zu bringen, um neue Leichtigkeit zu gewinnen.

Ich glaube, wir alle wissen, wie man sich fühlen kann, wenn man den Sturm überstanden hat, wenn man eine Krankheit oder Krise durchlebt hat. Man ist irgendwie gewachsen, stärker geworden und bereit für größere Herausforderungen.

Und es gibt noch einen Aspekt: Wenn wir ja sagen zu unserem Schmerz, ihn zulassen, in ihn hineinspazieren, kommt ein Punkt, wo der Schmerz kippt, sich verwandelt, nicht mehr als Schmerz wahrgenommen wird, sondern sich in eine Ekstase verwandelt und uns in Zustände führt, wo wir die direkte Verbindung mit dem Körper verlieren können und uns außerhalb erfahren. Dieses mystische Erleben lockert unsere festen Strukturen und verschafft uns neue Zugänge auf der Seelenebene.

Und nicht zu vergessen, der Schmerz, das Leid zerlegt uns in unsere Bestandteile. Wir lösen uns auf, werden zermalmt und zerbröselt. Denk nur an den Liebeskummer und wie er unser Herz zerbricht und wie aus den Ruinen eine größere Liebe auftaucht, die jedes Opfer wert war und uns ahnen lässt, was wir meinen, wenn wir sagen, Gott sei die Liebe, die Geliebte, die wir immer gesucht haben.

Dies hier ist kein Plädoyer für den Schmerz, soll uns aber klarmachen, dass wenn wir Schmerz zu ertragen haben, dies durchaus einen Sinn haben kann. Die prinzipielle Schmerzvermeidung ist ein Schuss, der nach hinten geht, nicht gelebte, nicht ausgelebte Schmerzen, Angst, Trauer usw. werden sich ihren Weg suchen und uns sicherlich nicht verschonen.

Fühle, dass du lebendig bist!

Jeden Augenblick wird das Leben geboren. Jeden Augenblick schlägt dein Herz. Auf seiner Oberfläche schwirren die Emotionen. Aus seiner Tiefe kommen seine Botschaften und Antworten.

Wenn es schwer ist, tue nichts, nur seufzen, um es, um dich zu befrieden. So bist du im Dialog mit dir und deinem Körper. Um in dieser Welt lebendig zu sein, brauchst du diesen Körper.

Danke ihm körperlich!

Fühle, dass du lebendig bist, dass du am Leben bist.

Wer ist es, der da lebt?

Wer ist es, der sich da sehnt?

Wer den Schmerz spürt, spürt auch die Freude.

Festhalten kann man das Glück nicht, doch sich ihm hingeben.

Das ist ein schönes Ziel:

Selbst im größten Kummer, sich hingeben --- und die Freude spüren, die Freude, die alles trägt, auch den Kummer, bis er vergeht.

Ego

In der esoterischen Szene, in der spirituellen Welt glauben viele das Ziel sei es das Ego, das sogenannte falsche Selbst aufzulösen. Doch was ist falsch an diesem Konstrukt, an diesem Sammelsurium von hinzugefügten Eigenschaften, Gewohnheiten und Aspekten, die eben dieses Gebilde, diese Skulptur deiner Persönlichkeit ausmachen. Das bist irgendwie du, dieses unverwechselbare Kunstwerk deiner Erfahrungen und

Wünsche. Das heißt, man muss zuerst einmal eine Persönlichkeit entwickeln, ein starkes und klares Ego herauskristallisieren, um dann dieses wieder auflösen zu können, wenn man dieses nicht mehr als nützlich erachtet, sondern als hinderlich erkennt, um sein Ziel zu erreichen. Wie sinnlos kann das erscheinen, etwas aufzubauen, um es dann wieder zu zerstören. Jedoch vielleicht ist das bessere Wort dafür, es zu transformieren, das heißt, das, was wir durch unsere Persönlichkeit dazu

gewonnen haben, führen wir hinein in etwas Größeres und bereichern somit das Sein als Ganzes mit unseren Erfahrungen. Der Tropfen mit seine Essenz von Erlebten löst sich auf im Ozean.

Ein schwaches Ego ist nicht in der Lage diesen Prozess zu durchlaufen oder andersherum es bedarf eines starken Egos um das Ego aufzulösen.

Lasst uns immer wieder beim Punkt Null starten.

Ganz sicher, deine persönliche Identität wird vergehen.

Also genieße sie jeden Tag, der dir noch gegeben wird und sieh, dass dich all die Dinge an dir, die du nicht schätzt, interessant machen.

Sag einfach danke für die Geschenke, die du schon erhalten hast: Die Fügungen und Herausforderungen und die Aufgabe, die sich dir jeden Augenblick stellt. So starte immer wieder beim Punkt Null und nicht bei deinen alten Konzepten.

Was auch immer wir unter diesem Ego verstehen, diesem Ich, dieses Wort, das wir unzählige mal täglich verwenden, es lässt sich nicht verleugnen, wir spüren es und wie es sich behaupten will und wie es sich schmerzlich bemerkbar macht, wenn es verletzt wird oder wir es selbst verletzen.

Warum tust du dir weh?

Aus Unwissenheit, aus Angst, aus Verzweiflung, aus Hass!

So wie wir Jesus und so manchen anderen ans Kreuz geschlagen haben, so kreuzigen wir uns auch selbst, immer wieder quälen und verurteilen wir uns und das Göttliche in uns, das sich nach Erfüllung sehnt. Wenn du dir wehtust, dann hast du ihm wehgetan.

Die jungen und die alten Wilden sind wild, nicht nur aus Lebensfreude, sondern auch, weil sie verzweifelt sind.

Wenn die Aggression sich gegen dich selbst richtet, dann treibt sie dich ins Extrem. Ja, in die Extreme des Entzückens und Entsetzens sind wir geflohen. Und auch dort sind wir kreativ und sammeln wertvolle Erfahrung. Doch egal, ob wir in die Tiefe gehen oder in die Höhe, es sind nur die Pole, die uns zu dir führen, um dich endlich zu genießen, um in goldener Mitte zu baden.

Ja, wir brauchen dieses Ego, durch welches wir uns absondern, definieren, ja eventuell auch isolieren, um uns im Gestrüpp der Interessen und des Überlebenskampfes durchzusetzen, wir brauchen es, um diese unglaubliche Erfahrung als Mensch zu machen und um uns als dem andern gegenüberstehend zu sehen. Wie weit können wir uns vom Ganzen, von der Quelle, von der Mutter entfernen, wie weit kommen wir, bis der Schmerz und die Sehnsucht uns zur Umkehr zwingen. Auf diesem Weg entwickeln wir Disziplin, Konzentration und Kraft, die wir brauchen werden für die Erkenntnis der Mechanismen und für den Heimweg dann, der ebenso genüsslich und abenteuerlich wird, wie der Weg in die Individualisation.

Auf dem Heimweg wächst die Sehnsucht nach Ruhe und Stille. Denn erst, wenn wir die Überaktivität unseres Egos wieder herunterfahren, wird die Sicht frei auf etwas Hintergründiges, Umfassendes, welches das Ich nur als Instrument benutzt, um sein Spiel zu spielen, um sich Ausdruck zu verschaffen, um mittels dieses Fokus Ego Erkenntnisse zu ermöglichen, die sich auf sich selbst, auf das ganze beziehen und ohne das Ego in dieser Form gar nicht möglich wären.

Energie

Natürlich ist alles Energie, Geist, Schwingung, und eben auch das, was wir Materie nennen.

Wenn wir hineinschauen, dann ist da nichts wirklich Festes, sondern Raum, energetischer Raum, in dem wiederum energetische Teilchen schwingen. Könnten wir diese Teilchen zusammenpressen, so dass kein Zwischenraum mehr vorhanden wäre, dann wäre die Masse unseres Körpers etwa so groß wie eine Erbse. Und diese Erbse würde vermutlich über enorme Energie verfügen. Dies ist schwer vorzustellen, aber wir bestehen sozusagen aus leerem Raum, aus Energie, aus Licht, aus Geist und deshalb beeinflussen geistige Interventionen natürlich die Materie. Energie ist beständig im Fluss, in Wandlung, in Transformation und zaubert die schillernden Kaskaden des Existierenden.

Der Schmerz ist ein Schrei nach fließender Energie. Bring dich in Bewegung, zum Schwingen, zum Klingen. Bring Stehengebliebenes, Eingefrorenes zurück in den Fluss.

Verwende zum Beispiel einfach die Töne, die aus dir kommen, egal bei welchem Problem oder zu welchem Thema.

Wenn du im Fluss bist, bleibt dein Ärger oder welche Energie auch immer, dort, wo sie hingehört, in der entsprechenden Situation, bei den entsprechenden Menschen.

Die beständig fließende Energie deines Fühlens und Denkens ist kreativ, erzeugt deine Vision und verwirklicht deine Realität.

Und da ist immer Stillstand, bevor etwas Neues beginnt. Ein Innehalten, um aus den gewöhnlichen Reaktionsketten auszusteigen und um sich wieder verbinden zu können mit dem vollen Potential der Möglichkeiten, denn mit den alten Strategien werden wir nichts wirklich Neues erschaffen. Der Stillstand ist eine göttliche Pause, ein Moment nach dem Chaos, ein Neuordnen, eine Neuausrichtung nach etwas noch nicht Gekanntem, ein Atemholen für eine neue Runde im Spiel der Spiele.

Beginnen oder nicht beginnen, beides beginnt jetzt.

Unsere Gedanken blühen wie Blumen, die blühen, um die Sonne zu verherrlichen und unser noch zaghaftes Lächeln in dieser Menschenwelt.

Lächeln und Nichtlächeln beginnen sich anzulächeln.

Wenn du ganz sanft atmest, wirst du heilen, wirst du lächeln, werden sich dir die Wunder offenbaren. Darauf kannst du dich verlassen und auf deine Sehnsucht, diese Energie und Triebfeder des Ganzen.

Ein Leben lang verlangt es uns nach etwas. Dieses Verlangen ist stark, manchmal quälend.

Materielles, sexuelles Verlangen oder nach Anerkennung, Liebe, Erfolg. Es ist nur der einfache Wunsch glücklich sein zu wollen, sonst haben wir keinen.

Und doch müssen wir zusehen, wie Dinge zerbrechen, geliebte Menschen zu Feinden werden oder sterben, wie wir zerfallen oder scheitern. Immer wieder sehen wir, wie uns das ersehnte Glück unter den Händen zerrinnt. Oft erscheint alles sinnlos und wir sind erschöpft:

Was ist zu tun?

Wir sollten unsere Aufmerksamkeit weniger auf die Objekte der Begierde richten, als viel mehr auf diese ungeheure Energie des Verlangens selbst. Diese Energie brauchen wir nicht festzuhalten, sie ist da, wird uns erfüllen und zu unserem Ziele tragen.

Darauf können wir uns verlassen und nicht auf die Objekte unserer Begierde oder auf die Errungenschaften unserer Bemühungen.

Wenn die Energien fließen dürfen, du mit der Wahrheit jedes Augenblicks mitgehst, dann ergeben sich keine Staus und du wirst auch aufhören zum Beispiel finanzielle Mittel anzuhäufen. Auch Geld ist ja eine Form von Energie und sie muss in Bewegung bleiben, um ihren vollen Nutzen zu entfalten. Wenn du vertrauen kannst, dann spürst du, dass es kommt und dass es geht und dass du dir keine Sorgen zu machen brauchst. Es kommt, was du brauchst und es geht, was du nicht mehr willst. Das ist die Kunst. Wenn du willst, dann ist das Kunst, Lebenskunst, sonst nicht.

Wenn du hinausschaust, schaust du hinein.

Wenn du das Innere siehst, ist es schon wieder das Äußere.

Du bist voller Kraft, erinnere dich daran, mindestens so oft wie du es wieder vergisst. Du bist ein Energiebündel, also achte auf dich und auf deine Ausstrahlung. Entwickle sie, entwickle dich und wache auf aus deinen Gedanken, die dich blockieren. Wenn der Denker beginnt zu beobachten, was er denkt, dann wird er sich davon lösen und er wird ausstrahlen, genau das, was er schon immer haben wollte.

Wenn wir das Wort Energie verwenden, sollten wir genau hinschauen, was wir denn da wirklich meinen. Natürlich ist alles irgendwie Energie, aber es gibt präzisere Worte und oft meinen wir damit Dinge wie Anziehung, Kraft, Ausdauer oder Stimmung, Begehren, Emotion.

Emotionen

Natürlich kann man noch einmal unterscheiden zwischen Emotionen und Gefühlen und abgrenzen und definieren, aber das will ich hier nicht tun, denn ich will möglichst vereinfachen, verständlich machen und zusammenfügen und vereinen in Schönheit und Poesie.

Wenn ich von Emotionen spreche, dann meine ich Erregung, Bewegung, Gefühlsbewegung, das, was unser Leben ganz entscheidend beeinflusst und bestimmt, denn Bewegung ist nicht nur Ausdruck, sondern auch die Essenz des Lebens.

So ist die Beobachtung der Emotionen ebenso interessant und wichtig, wie die der Gedanken. Diese nähren sich gegenseitig. Emotionen ergreifen ebenso Besitz von dir und ziehen dich in eine unbewusste Identifikation, wenn du nicht sehr wachsam und gegenwärtig bist.

Was geht in diesem Moment in dir vor?

Wenn du deine Aufmerksamkeit auf das richtest, was du fühlst, dann öffnest du dich dem inneren Energiefeld deines Körpers und in dieser Tiefe öffnet sich das Tor zum Sein.

In unserer mitteleuropäischen, hochkulturell gebildeten, intellektualisierten Gesellschaft stehen Gefühle nicht allzu hoch im Kurs. Man meint, sie lassen einen schwach erscheinen und man zeigt sie nicht nur nicht gerne, man hat ja auch nicht gelernt dazu zu stehen und ihren Wert und Sinn zu erkennen, sondern man rennt quasi vor ihnen davon, nur wohin, denn wohin du auch kommst, du wirst schon von ihnen erwartet.

Deshalb frage ich:

Kannst du es aushalten?

Was du denkst, was du fühlst, was du ersehnst. Oder musst du ausweichen, dich mit etwas anderem beschäftigen als mit dem, was gerade ist?

Das, was gerade ist, ist deine Wahrheit. Dass du ausweichst ist deine Wahrheit. Womit du dich stattdessen beschäftigst, das ist auch deine Wahrheit.

Kannst du diese Wahrheit verstehen?

Kannst du es halten? Kannst du es aushalten?

- - - Pause - - -

(um nachzudenken, um nachzuspüren, um diese Fragen beantworten zu können)

Ja, du kannst.

Es ist gar nicht so schlimm, wie man meint.

Solang wir vor etwas davonrennen, fürchten wir es, weil wir es nicht sehen und nicht kennen. Wagen wir es aber uns umzudrehen und dem ins Gesicht zu schauen, was uns da im Genick sitzt, dann entlarvt sich der Schrecken, wir beginnen das Gespenst zu verstehen, erkennen es als einen Teil von uns und dass dieser Teil nur wieder zu uns zurück will, eben dorthin, von wo er kommt und wohin er gehört. Ja, das wäre besser, sich um die Gespenster oder Feinde zu kümmern, anstatt zu fliehen oder sie zu bekämpfen.

Mit offenen Armen dem Leben begegnen, das ist möglich. Wenn wir nur für Augenblicke unsere Gewohnheiten, unser roboterhaftes Leben verlassen, dann haben wir schon das Gefängnis unserer Vorstellungen und Meinungen durchbrochen. Nur ein einziger kleiner Schritt ist nötig und wir sind draußen, lassen die Peripherie mit ihren ewigen Kreisläufen hinter uns und genießen den Segen der Mitte, ihr sprudelndes Geschenk von Wahrheit und Reichtum.

Wir sind fühlende Wesen.

Die Mitte ist fühlbar.

Die Mitte ist da, ist überall

und erwartet dich mit offenen Armen.

Ein Gedanke, ein Atemzug, ein Augenblick des sich selbst Spürens kann genügen, um mit dieser Mitte wieder verbunden zu sein. Es ist nicht nur eine Mitte in uns, nein wir selbst sind diese Mitte. Wir sind die Mitte unseres Lebens, unserer Welt, aber wir sind auch die Mitte des Universums und somit eingebettet und sicher und wo sollten wir also verlorengehen, wenn nicht im Ozean des Urvertrauens.

Sein Dasein im Körper zu erfahren, wird eine tiefe Verbindung mit sich selbst provozieren. Diese Verbindung gibt eine Basis für die Verbundenheit mit dem Wesen, welches erhaben ist über die weltlichen Sorgen.

Der Mensch versucht immer sich in der Welt abzusichern, eben wenn da ein Mangel an Vertrauen ist, ein nicht verwurzelt sein im Wesen. Es geht aber um ein unbegründetes Grundvertrauen, für das man keine Beweise hat, für das es keine rationale Legitimation gibt. Es ist nicht erklärbar, sowie die sogenannten weltlichen Sicherheiten, dafür ist es aber auch durch keinen Zweifel mehr zu erschüttern und alles, jeder Zufall und jede Fügung dient plötzlich als Beweis.

Erst durch die Erfahrung des mystischen Todes öffnet sich ein Leben, in dem wir den Tod nicht mehr fürchten.

Wir werden zum Beobachter der Erfahrungen, die wir machen, die uns offensichtlich bestimmt sind und dieser Beobachter ist nicht identifiziert mit dem, was er beobachtet und somit frei und handlungsfähig.

So sei einfach nur der Beobachter von dieser Stimme in deinem Kopf, von den Gefühlen, die dich durchwandern. Beurteile oder verdamme nicht, was du hörst oder fühlst, denn das würde bedeuten, dass dieselbe Stimme durch die Hintertür wieder hereingekommen ist.

Der Gedanke, sowie auch die Emotion verliert so an Macht über dich und schwindet allmählich, denn du bekräftigst den Verstand nicht mehr durch deine Identifikation mit ihm.

Wenn die Lücken zwischen den Gedanken größer werden, dann beginnst du Frieden in dir zu spüren. Und dieses Gefühl deiner Gegenwärtigkeit, dieses ICH BIN ist kein Gedanke mehr. Hier beginnt eine neue Freude und Intensität des Seins und hier beginnt die eigentliche Meditation. Viele Dinge deiner Welt verlieren jetzt an Schwere und werden von einer wunderbaren, leichten Kraft getragen und du spürst etwas von dieser Energie, dieser Liebe, die dafür sorgt, dass das Ganze mit sich selbst in Verbindung bleibt. Oder anders ausgedrückt: Du spürst etwas von dieser geheimnisvollen, „göttlichen“ Substanz, die uns und alles leben lässt und du beginnst dich immer mehr in das Leben zu verlieben.

Deine Aufgabe

Seine Aufgabe braucht man nicht zu suchen. Man hat sie ja beständig vor der Nase. Es ist einfach das, was zu tun ist. Und der nächste Augenblick beinhaltet schon wieder die nächste Aufgabe. Das wird nicht abreißen, da brauchen wir uns keine Sorgen zu machen. Die Aufgabe ist also erst mal immer der nächste Schritt und nicht der übernächste. Und damit sind wir zweifellos permanent ausreichend beschäftigt und erfüllt, wenn wir uns eben dem gegenwärtigen Augenblick stellen und nicht vor ihm davonlaufen, was natürlich letztlich gar nicht möglich ist.

Dann beinhaltet aber das Thema Aufgabe noch einen weiteren Aspekt und zwar, wie das Wort Aufgabe schon andeutet, ein Aufgeben, ein sich selbst Aufgeben zu Gunsten einer größeren, wichtigeren Sache, etwas, was uns bedeutsamer erscheint wie unsere persönlichen Bedürfnisse. Dieses Aufgehen oder Erblühen in einem übergeordneten Dienst scheint ein wichtiges Bedürfnis des Menschen zu sein. Es befreit nicht nur aus persönlichen, kleinlichen Verstrickungen, sondern führt uns auch zu persönlicher Erfüllung und Entfaltung. Dieses Bedürfnis ist im Grunde immer vorhanden und führt uns durch die Entwicklung und Kreation von Visionen genau dorthin, wo wir hinwollen und wo sich unser Schicksal erfüllt.

Das könnte ein Anfang sein:

Gib die Verantwortung ab

und vertraue darauf,

dass das, was du brauchst,

da ist, wenn du es brauchst.

Der Prozess des Vertrauens verlangt es, schnell und blind zu handeln. Also fixiere dich nicht auf bestimmte Ergebnisse, sondern überlass dich der göttlichen Fügung. Deine Aufgabe verlangt Aufgabe, du wirst etwas aufgeben, etwas opfern. Indem du etwas zurücklässt, öffnest du einen Raum, schaffst Platz für Neues. Und das ist deshalb oft so schwer, weil wir das Neue nicht kennen, eigentlich nicht einmal eine Vorstellung davon haben.

Deine jetzige Existenz ist ein Höhepunkt. Lebe sie mit Liebe, denn nur so führt sie dich zur Befreiung.

Verantwortung ist ein Hirngespinst, aber du kannst sie freiwillig tragen, eben aus Liebe. Es ist eine schöne, edle Aufgabe seine Verantwortung zu übernehmen. Das bedeutet auch, all denen treue Dienste zu erweisen, die danach verlangen. Wohlgemerkt, die danach verlangen. Dein Gewissen, dein gewissenhaftes Ich weiß genau, wenn die Motivation für dein Handeln eine andere ist als du vorgibst.

Es ist gut zu wissen, was jeder weiß.

Du brauchst die Liebe nicht zu suchen, denn sie ist da, immer vor deiner Nase. Du selbst bist aus ihr hervorgegangen.

Wo also willst du hin?

Rennst du vor ihr davon oder auf sie zu?

Vor allen Dingen aber fang bei dir selbst an, denn man kann andere nicht lieben, wird sie nur als Projektionsflächen benutzen, solange man sich nicht selbst fühlt, annimmt und liebt.

Aber das weißt du ja sowieso auch selbst.

Irgendwie hat sich der Mensch daran gewöhnt zu fliehen. Er flieht vor vielen Dingen, denn er hat Angst und er flieht vor dem Augenblick und er flieht in etwas hinein. Die Flucht nach vorne ist oftmals eine beliebte Strategie und führt uns in Kriege und in die bizarrsten Beziehungen, in Konsum und Sucht. Doch das ist nicht unsere Aufgabe, sondern sich zu stellen, ja und zwar genau dem, vor dem man flieht. Denn, und das ist das Absurde auf unserer Flucht, wir haben vergessen, vor was wir fliehen und mehr noch, wir haben überhaupt vergessen, dass wir auf der Flucht sind.

Vor was also fliehst du eigentlich?

Die Flucht gelingt irgendwann nicht mehr nach hinten oder zurück in alte Gewohnheiten und Gefühle. Es funktioniert nicht mehr, wird schal und langweilig.

Die Flucht gelingt nur noch nach vorne in den Augenblick, jetzt in diesen Augenblick hinein und in das Neue, auch dann, wenn du gerade davor fliehst.

Die Vielfalt der Aufgaben, die das Leben uns stellt und bietet, kennt kein Ende und wir werden uns das suchen, was uns am meisten Spaß macht, sowie wir ja auch immer genau das glauben, was wir glauben wollen, weil es uns eben Spaß macht.

Stell dir vor, dass du stirbst. Deine Zeit ist abgelaufen.

Jetzt!

Lange Pause

Was hast du versäumt? Was hat sich noch nicht erfüllt?

Du siehst es deutlich und du kannst es spüren.

Du weißt jetzt, was du noch zu tun hast, was deine Sehnsucht ist.

Folge ihr, sie führt dich in den Himmel der Poesie und der Liebe.

Es geht dabei um die Frage, wessen Leben du lebst.

Alles Äußere ändert sich, aber wenn das zugrundeliegende Muster gleich bleibt, dann mögen die verschiedensten Ereignisse kommen und gehen, doch ihre Auswirkungen werden die gleichen sein. Erkenne die zugrundeliegenden Strukturen, lass sie dir bewusst werden, dann können sie sich ändern, wenn du das wünschst.

Frage dich, wessen Leben lebst du?

Ist es wirklich deines oder wessen Träume lebst du, kollektive, die deiner Eltern, deiner Freunde oder Idole? Dies gilt auch für deinen spirituellen Weg. Wie wer möchtest du sein oder hast du den Mut dein Leben zu leben?

Lebe dein Leben, das ist deine Aufgabe - mehr nicht oder lass es, beende es, stirb jetzt, mehr ist nicht zu tun.

Es ist gar nicht weit weg.

Einst gingst du auf eine Reise ohne dich. Du bist dir immer wieder ausgewichen und wolltest sein wie andere, wie eine Vorstellung.

Die Hölle war für dich innen und das Glück suchtest du außen und nur ungern hast du innegehalten, denn das hast du nicht ausgehalten. Es schien dir nicht sinnvoll, denn du ahntest die Leichen im Keller.

Doch jetzt allmählich folgst du dir selbst, fürchtest dich nicht mehr vor dir und merkst, es ist umgekehrt: Der Himmel ist innen, gar nicht weit weg, nicht irgendwo da oben. Außen ist nur eine Welt, eine Projektion, nur ein Traum.

Das Licht des Himmels in dir erweckt dein Herz ganz ohne dein Zutun. Du spürst Heimat.

Und jetzt – immer noch auf Reisen

und jetzt – wieder ohne dich, denn du verlierst dich in deiner Hingabe und jetzt - fühlst du ein Lächeln, das du kennst, länger als dich selbst.

Übung zu Kapitel 4: Einsicht und Psyche

YA HADI – YA WALI

Die Bedeutung von HADI:

Normalerweise haben wir uns ein psychisches Korsett aus Vorstellungen, Meinungen und Abneigungen zugelegt, mit welchem wir uns einerseits vor den Angriffen der Welt schützen und andererseits uns das Leben verständlich zu machen versuchen. Dieses Konstrukt und es spielt keine große Rolle wie intelligent es ist, verstellt uns den Blick auf die direkte Erfahrung der Wirklichkeit und schirmt uns ab von dem uns immanenten Wissen, welches uns ansonsten immer durch unsere Intuition, unser Bauchgefühl, unsere Instinkte, unsere Inspiration oder wie auch immer wir es nennen wollen, zur Verfügung steht.

Um dieses Geflecht, diesen psychischen Filz zu durchdringen und zu durchschauen und um in die Gefilde des Geistes vorzustoßen, brauchen wir Vertrauen in die innere Führung und Intuition, brauchen wir einen Führer, welchen wir mit dem Namen HADI anrufen.

In seiner verwirklichten Form bedeutet dieser Name, dass man seiner inneren Stimme, seiner eigenen Führung aus der Mitte seines Wesens heraus bedingungslos vertraut, in dem Wissen, dass diese Stimme einen genau dahin führt, wohin man will oder wo man gebraucht wird. Dies impliziert auch die wachsende Fähigkeit andere Menschen zu führen oder in schwierigen Situationen das Steuer in die Hand zu nehmen.

YA HADI durchleuchtet unsere persönlichen Motive, lässt uns intuitiv die wahren Hintergründe erkennen und verankert uns in der Wahrheit, die gleich einem Leuchtturm ihr Geheimnis schweigend verkündet.

Die Bedeutung von WALI:

Erfahren wir innere Führung, so obliegt es uns, diese in die Tat umzusetzen. Wer uns dabei hilft, ist Ya Wali, der Freund.

Wenn wir uns bewusst machen, dass letztlich auf nichts in dieser Welt wirklich Verlass ist, dass alles vergänglich ist und wir, wenn wir in der Welt der Menschen nach Beständigkeit und Loyalität suchen, immer wieder enttäuscht werden können, dann sehen wir, dass wir mit unseren Erwartungen oftmals die besten Voraussetzungen genau dafür schaffen. Doch da ist einer oder eine, die weiß, was wir wirklich brauchen und uns gut tut und diese Freundin weicht niemals von unserer Seite und gewährt uns jegliche wohlwollende Unterstützung. Das bedeutet, dass die Freundschaft und Hilfe von WALI unvergänglich sind und dass sämtliche Angelegenheiten von Gott geleitet und geklärt werden. Durch diese Kraft werden wir unterstützt in allen unseren Bemühungen der Disziplin und Selbstüberwindung, bei jeder Anstrengung zur Befreiung von Abhängigkeiten und Gewohnheiten, bei allen Entschlüssen und Akten von Zivilcourage, sowie bei jeglicher Überwindung von Zweifeln und Ängsten. Durch diese mutigen Handlungen, egal wie geringfügig sie von außen erscheinen mögen, werden wir wachsen, uns innerlich entwickeln und mehr und mehr den Zweck unseres Lebens erfüllen und damit Meisterschaft verwirklichen. Dies ist neben der Bedeutung von Freundschaft der zweite wichtige Aspekt dieses Vasaif, nämlich der der Meisterschaft, welche uns führt von menschlicher Unvollkommenheit zu immer größer werdender Vollkommenheit.

Wenn wir mit Gott, dem Freund auf die Reise gehen, um unseren innersten, intimsten Auftrag zu meistern, dann gehen wir unbestechlich, konsequent, entschlossen und mutig den Weg.

Im Bewusstsein von einem WIR, wissend, dass wir den Weg nicht alleine meistern, gehen wir, selbst in Positionen, wo wir unsere Führungsqualitäten leben, in Bescheidenheit, frei von Dünkel und aufgeblähtem Stolz voran. Dieses WIR befreit dich von Entscheidungsengpässen, Einsamkeit und Kraftlosigkeit, aber nicht von der Verantwortung, die du immer durch dein Handeln zu tragen hast.

Ich und Du, ich und der Freund und Meister werden eins – das ist die Verwirklichung von YA WALI.

Die Übung wird, wie in den vorherigen Kapiteln beschrieben, ausgeführt.

5. Meditation und Spiritualität

Gedanken

Wir alle wissen, wie sehr uns unsere Gedanken dominieren und verfolgen können und wie unmöglich es oftmals erscheint sie loszuwerden. Wie aus einem Nichts tauchen sie auf und wiederholen sich, wiederholen sich manchmal bis zur Unerträglichkeit. Nicht leicht zu sagen, was sie sind, doch sie schlüpfen in die Form von Worten und Sätzen und versperren so die Wege unserer Wahrnehmung von dem, was sich zeigen will. Jedoch auch durch unsere Gedanken zeigt sich natürlich etwas, etwas, das wahrgenommen werden will. Erst dann ist es möglich, dass sie ihre Penetranz verlieren und wir sie vorbeiziehen lassen können wie die Wolken am Himmel. Erst dann wird es möglich auch den Himmel zu sehen und nicht nur die Wolken.

Man denkt, man wüsste, was man denkt. Doch es ist mit der Zeit so selbstverständlich, so normal geworden, dass wir es nicht mehr bemerken, wie das Bild an der Wand, das da schon seit Jahren hängt.

Negative Gedanken lösen negative Gefühle aus, vor denen wir uns fürchten. Deshalb werden sie, wenn es denn gelingt, verdrängt und in ein Schattenreich befördert, wo sie fast unbemerkt ihr Unwesen treiben und unser Leben bestimmen. Unsere Schatten werden unser Schicksal.

Dank unserer Probleme können wir sie erkennen und zärtlich beim Schopfe packen und wieder ans Licht holen, um zu verstehen und um sie zu erlösen.

Das tut so gut, denn unter ihnen lag versteckt die Sehnsucht, die sich nach Freiheit sehnt, um ihre Aufgabe zu erfüllen, das heißt, um uns den Weg zu zeigen, dahin, wohin wir schon immer wollten.

Es wäre also sehr wichtig zu erkennen, was wir wirklich denken, denn in unseren Automatismen bemerken wir es eben nicht und wissen also eigentlich gar nicht, was wir denken.

Wüssten wir ob der Auswirkungen unserer Gedanken auf das Leben, würden wir achtsamer mit diesen umgehen.

Das wäre ein guter Anfang!

Der spirituelle Weg beginnt genau damit, mit Achtsamkeit und falls er endet, dann ebenfalls durch Achtsamkeit in meditativen Sphären, wo wir eintauchen in Räume, in denen sich Gedanken noch nicht geformt haben.

So schwindet allmählich die falsche Identifikation mit einem begrenzten Selbst dahin.

Und wenn wir dann im Innersten die Wahrheit der Fülle sehen, den Ausdruck der Leere, dann sehen wir, dass von Anfang an kein Mangel bestand.

Das ist eine offene und unbegrenzte Antwort auf das Leben, das immer weit und fruchtbar ist.

Die meisten Gedanken sind Wiederholungen und stimmen gar nicht. Auch unsere Urteile sind nicht wahr. Es sind über die Dinge gestülpte Betrachtungen. Deshalb ist es immer gut, wenn wir von einer theoretischen Gedankenebene vordringen zur unmittelbaren Ebene der Erfahrung, der Wahrnehmung von Sinneseindrücken, Gefühlen oder des Körpers.

Auf diese Art können wir viele Probleme zurücklassen, das heißt, sie lösen sich allmählich auf, wenn wir ihnen unsere Aufmerksamkeit entziehen und sie nicht mehr durch die Energie unserer Gedanken nähren.

So machen wir kleine und große Schritte, die sich gar nicht voneinander unterscheiden, denn da ist nur Entwicklung, ein letztlich nicht zu stoppender Prozess.

Wir befreien die Wahrnehmung von unserem Urteil. Dies ist etwas, wofür wir uns entscheiden können, eine Entscheidung für einen spirituellen Weg, eine Entscheidung, die uns immer leichter fällt, je mehr wir müde werden, ob der oft hohlen Vergnügungen eines materialistischen Lebens und es ist ein langer, schöner Bewusstseinsprozess.

Spiritualität ist eine Verschiebung unserer Identität weg vom materialistischen und mechanistischen Denken, weg von unseren sozialen Masken, hin zu etwas hinter unserem Ego, was man Wahrheit oder Gnade nennen könnte. Nicht, dass die materialistische Betrachtung nicht auch ihren Aspekt von Wahrheit beinhaltet und ihre Berechtigung hätte, aber sie ist unvollständig und deshalb auch unbefriedigend. Sie reicht dem neugierigen Geist nicht aus als Erklärung für das Unerklärliche. Gnade ist etwas, was die engen Grenzen sprengt. Das Ego kann nicht beurteilen, was Gnade ist, wie diese aussieht. Sie ist etwas Unerwartetes, nicht Geplantes. Sie fließt ein, strömt grundlos und ist das, was dich beständig errettet.

Und mehr noch: Sie tanzt mit dir.

Sie ist dein Leben und dein Tanzpartner und ihr führt euch gegenseitig übers Parkett.

Wenn wir an Gnade denken, dann ist das natürlich auch nur ein Gedanke. Wenn wir sie jedoch fühlen, dann wird sie wirklich, weil sie wirkt und uns hineinführt in eine spirituelle Sphäre, wo das stattfindet, was wir Meditation nennen.

Das Zentrum

Bevor wir in Meditation gehen, brauchen wir eine Art Zentrierung. Diese findet in uns statt und nicht außerhalb, wie Beispielsweise bei Konzentrationen, die sich ja auch auf Objekte außerhalb von uns beziehen können. Konzentration bringt uns in die Zentrierung, in unser Zentrum. Wenn sie in uns stattfindet, dann ist das natürlich erst einmal in unserem Körper, eben genau da, wo wir uns befinden, wo wir zu Hause sind. Wir leben ja nicht getrennt von unserem Körper, sondern erfahren das Leben und uns in und durch diesen.

Durch Zentrierung finden wir in unsere Kraft und begegnen unserer Existenz als ganze, gesammelte Wesen und nur so ist es letztendlich möglich, wirklich voranzuschreiten und den Weg zu gehen, der uns zu unserem Ziel führt. So gehen wir nicht so leicht verloren in den Eskapaden unseres wankelmütigen Egos.

Was ist das Zentrum der Freude?

Es ist genau dieser Moment. In diesem Moment gibt es nur diesen Moment. Präsenz und Essenz sind identisch.

Einfach nur zu sein, das ist unser Privileg und wir sollten es schätzen. Wenn wir uns entspannen oder einfach nur wir selbst sind und unseren ganzen Körper dabei bewohnen, dann wird es befriedigend sein. Das ist die einfachste und grundlegendste Lust und Freude und zeigt uns unsere Unabhängigkeit von allen Plänen, Zielen oder Menschen. Wir müssen ihr nicht nachjagen oder es suchen, weil Glück ist unsere grundsätzliche Natur, das Zentrum unseres Seins.

Unser Verstand produziert eine Zukunft und eine Strategie wie wir darin glücklich werden. Doch genau diese Hoffnungen, Ängste bzw. Konzepte sind es, die uns daran hindern.

Es ist unsere Existenz an sich, die Quelle, Inhalt und Zentrum unserer Freude ist.

Diese Wirklichkeit können wir nicht denken, aber spüren.

Deine Wirklichkeit, deine Seele glaubt das zu sein, womit du sie bedeckst.

Du kannst Dinge lebendig halten und du kannst sie sterben lassen.

Wer seine Geschichte nicht kennt, läuft Gefahr sie zu wiederholen.

Also führe deine Fußspuren fort, aber tue es auf deine Art, denn du glaubst, du gehst einen Weg. Aber du gehst auf dünnem Eis und das, was dich trägt, ist der Abgrund darunter.

Vertrauen ist eine göttliche Energie ohne Form. Wenn du hineln schmilzt in diese, kannst du in ihr leben. Sie reagiert nicht auf deine Angst oder die Sentenzen, an die du zu glauben glaubst.

Du bist nicht frei, solange du noch eine Wahl hast. Wer liebt, hat keine Wahl. Lieben heißt vertrauen. Lieben heißt die Angst verlieren und das wird uns heilen.

Vielleicht spürt man hier schon, wie die Begriffe in ihrer Tiefe in einander übergehen. Und ob wir es Wahrheit, Mitte, Zentrum, Liebe, Gnade, Vertrauen oder sonst wie nennen, macht keinen großen Unterschied. Ich weiß, hier werden viele widersprechen wollen und das ist auch nicht falsch. Natürlich gibt es, wenn es einen Begriff gibt, auch die entsprechende Sache oder das entsprechende Ding dazu. Und die Dinge sind verschieden. Wie könnte es auch anders sein. Und doch führen alle diese Begriffe zu einer Quelle zurück, eben dorthin, von wo alles gekommen ist.

Wie willst du dich geborgen fühlen im grenzenlosen geistigen Raum, wo du doch nach einer gemütlichen Ecke suchst?

Dieser Ort der Geborgenheit ist immer genau da, wo du bist, wenn du ihn ausfüllst mit dir und deinem Sein. Das löst Freude aus und das genügt und du bist angekommen.

Immer gleiches Verhalten führt nicht zu neuen Ergebnissen. Wann willst du endlich den Dingen, die dich berühren oder quälen auf den Grund gehen?

Überlege und dann sag wann!

--- Pause ---

Du bist nicht diese Person, aber du kannst erfahren, wie es ist, diese Person zu sein, was sie denkt und wie sie fühlt. Nimm dir einfach Zeit und schau dir dabei zu. Es ist das interessanteste, was man tun kann, denn man kennt sich ja selbst nur sehr unzureichend, eigentlich fast gar nicht.

Tu es einfach und zwar jetzt!

--- Pause ---

Immer ein kleines Stückchen mehr löst du dich von der Identifikation mit deinen Gedanken und Gefühlen und allmählich wirst du entdecken, wie und wer du wirklich bist. Du kannst es nicht benennen, aber es löst Freude aus, eine Freude, die zu dir gehört, wie die Sonne zum Tag.

Unser Leben dreht sich um uns, unsere Welt um sich selbst und um ein Zentrum, die Sonne. Diese wiederum kreist in einer Galaxie und diese wiederum auch um irgendetwas. Alles dreht sich um eine Mitte, die überall zu sein scheint. Die Mitte ist nicht verrückt, die Mitte ist überall.

Alles dreht sich und alles dreht sich um.

Alles dreht sich von den Sternen bis zu den Atomen, sowie auch dein Leben. Lache über dieses Leben, wie flüchtig es ist und lache über deinen tiefen Schlaf. Auch innen, selbst in der Tiefe deines Herzens dreht sich alles und sprudelt. Wo also willst du ruhen?

Alles dreht sich, wenn es Zeit wird diese Welt zu verlassen und mittendrin wirst du ganz ruhig, wenn du aufwachst, dreht sich alles um.

Der Fokus ruht in der Mitte und die Mitte bist du.

Meditation

Alles kann Meditation sein, es kommt nicht darauf an, was man macht, sondern wie man es macht. Sobald wir sehr bewusst und achtsam etwas tun, nähern wir uns über diese konzentrierte Haltung dem Phänomen der Kontemplation. Wir verschmelzen mit dem, was wir tun. Wir werden eins damit und schließen somit die Lücke zwischen uns und unserem Handeln, welches dann hineinfließt in ein Geschehen, dessen Zeuge wir sind. Vereinigt sich nun der Zeuge mit diesem Geschehen und es wird eins, dann erfahren wir Einheit und tauchen ein in das, was man im engeren Sinn als Meditation versteht.

Meditation ist eine Kunst. Jeder ist ein Künstler und das macht Freude.

In der Meditation treten wir mit der Wirklichkeit in Verbindung, mit einer wirkenden Urmatrix des Seins und das ist nicht nur die Wirklichkeit, die wir beschreiben können. Nur zu leicht halten wir die beschreibbare Wirklichkeit für die ganze Realität, so wie wir auch gerne das Bild, das wir von uns haben, mit uns selbst verwechseln. Die Wirklichkeit ist keine Vorstellung und keine Idee und wir können ihr keinen Namen geben und doch hat sie so viele.

Der letztendliche Grund der Meditation und Grund für die Meditation ist die Freude, die sie freilegt und bereitet.

Die Kunst der Meditation bedient sich vieler Techniken, zum Beispiel des Lauschens. Sobald wir den Geräuschen lauschen, auch unseren eigenen Gedanken, kommt etwas in uns zur Ruhe und wir werden Zeugen des Geschehens. Wenn wir Musik hören, ich meine, wenn wir wirklich Musik hören, dann werden wir zu Musik, dann findet Meditation statt.

Ebenso ist es mit dem Atem. Natürlich atmen wir und doch zugleich atmet es, geschieht es. Wir sehen, wie künstlich die Grenze ist zwischen tun und geschehen. Kein entweder – oder, sondern ein sowohl als auch, sondern nur ein Sein. Wir können es analysieren und in endlosen Spielchen versinken oder wir geben ihm keinen Namen und werden zum Genießer der Lebenskunst. Der Genießer genießt und schweigt und lauscht.

Einfach nur da sein, ist schon sehr viel und vielleicht auch schon genug.

Meditation bedeutet dem Einfachen Raum zu geben. Es geht nicht um irgendwelche Zustände, sondern es geht um uns selbst. Ja, es geht auch um irgendein Ziehen im Nacken oder sonst etwas, denn es ist wirklich, weil es wirkt, und es geht uns etwas an.

Es ist schon sehr viel, einfach nur da zu sein, gelassen dazusitzen, um unsere Wirklichkeit wahrzunehmen. Doch unsere Gedanken und Phantasien schieben sich dazwischen, Konzepte werden über die Erscheinungen gestülpt und blockieren eben diese Wahrnehmung. Es ist nichts falsches oder böses an diesen Hirngespinsten. Wenn wir diese jedoch sehr wachsam benennen, quasi etikettieren, dann beginnen sie sich zu beruhigen. Das ist gut, denn emotionale Erregung wird meist durch Gedanken und Vorstellungen ausgelöst. Und wenn wir uns nicht bewusst mit einer Situation auseinandersetzen, dann muss der Körper es tun und am Ende zeigt er uns, worum es geht und bringt so Krankheit hervor.

Wir sind es nicht gewohnt, doch das Einfache ist ganz einfach.

Es ist sinnlich.

Es ist Besinnung, die zur Sinnfindung führt.

Es ist Meditation und sie ist nicht einfach machbar oder zu steuern, sondern sie ist etwas, was sich einstellt wie der Schlaf oder die Liebe. Und so wie jeder Mensch schlafen oder lieben kann, so kann auch jeder Mensch meditieren. Es ist also etwas, was wir alle kennen, etwas ganz selbstverständliches und einfaches. Wodurch wir es uns erschweren, ist unser Leistungsdenken. Lassen wir jedoch das Kindliche in uns zu und schauen, lauschen und staunen, dann sind wir schon angekommen. Es muss nicht gesucht oder geübt werden. Es muss nur gemacht werden. Es ist wie ein Verliebtsein und es ist sinnlich. Wir spüren uns selbst wieder, unsere eigene Intensität und das ist nichts neues, sondern etwas Altbekanntes. Über die Sinne findet sich ein Sinn und führt uns durch die Vielfalt zu immer größerer Einfachheit.

Ich schreibe diese Zeilen und gelobe hier und jetzt, kein Wort mehr zu schreiben ohne Liebe und keinen Satz mehr ohne zu atmen, ohne verbunden zu sein mit dem großen Atem, der diese Worte schreibt.

Warum nur sprechen wir schlecht von anderen Menschen, über andere in ihrer Abwesenheit. Das ist nicht nur der normale Tratsch, das übliche Geschwätz, sondern es dient auch der persönlichen Aufwertung. Wenn du gewohnt bist, jemanden so oder so zu sehen, dann ist es nicht leicht deine Wahrnehmung von deinem Urteil zu lösen und zu ändern. Doch durch dein Urteil bremst du deinen und seinen Fluss. Wenn du selbst Angst hast, wirst du vielleicht versuchen anderen Angst zu machen, um sie zu kontrollieren. Hast du Angst vor dem Leben, dann liegt ihm wohl eine Angst vor dem Tode zugrunde. Das nimmt dir den Atem, wird ein Habitus.

Atme bewusst und die Angst weicht einer Wachheit und Wahrheit. Du kannst deinen Schmerz spüren und dennoch voller Freude sein.

Wer wünscht sich noch mehr?

In der Meditation führt die stille Freude schier überirdisch verzückter Momente zu intensiver Wahrnehmung und konzentrierter Tätigkeit.

Aber was hat man davon?

Dieses Haben ist gestaltlos und mehr ein Erkennen.

Aber was hat man davon?

Man ist erfüllt und ist ein Teil des Glücks.

Wer wünscht sich noch mehr?

Öffnung

Wir haben es sicher schon alle erfahren, wie es sich anfühlt, wenn man sich verschließt oder wie mühsam es sein kann, wenn man mit Menschen zu tun hat die sich nicht öffnen können. Verschlossen zu sein, mag hilfreich erscheinen, um sich zu schützen, um nicht verletzt zu werden oder um Verletzungen, Tränen nicht hinauszulassen, um sich keine Blöße zu geben, aber zugleich nehmen wir dann nicht teil an der Lebendigkeit des Lebens und verpassen viele Chancen, die uns geboten werden. Wir wollen den Schmerz vermeiden, doch wir verpassen auch die Freude. Es spielt keine Rolle, denn neue Chancen sind schon unterwegs. Auch du bist schon unterwegs. Wenn du lebendig bist, bist du immer unterwegs, unterwegs ins Unbekannte. Wenn du das erkennst, dann wirst du dich mehr und mehr öffnen und du wirst beginnen deinem Herzen zu folgen, das bereit ist für das Risiko und nicht nur dem Kopf. Der ist konservativ und ängstlich und denkt an gute Geschäfte.

Nimm dir Zeit und wirf einen mutigen Blick auf dein Leben:

Wovor hast du Angst?

Was kann schon passieren?

Verlass dich nicht auf die Ansichten anderer.

Wenn du zu sehr darauf bedacht bist, nichts falsch zu machen, dann wirst du deine Beweglichkeit verlieren und starr und kalt wie ein Eisberg. Wir dürfen Fehler machen, wir dürfen lernen. Du brauchst nicht vollkommen zu sein. Wenn du auf dein Wesen hörst, wirst du merken, es ist schon unterwegs ins Neue, Unbekannte.

Es geschieht.

In der Meditation oder auch sonst besser keine Vorstellung entwickeln, was es ist oder was es sein soll, sondern sich öffnen – öffnen, öffnen, öffnen, sich öffnen der Freude zeitloser Liebe und die Einheit berühren.

Es geschieht, es geschieht, es geschieht.

Lassen, loslassen, zulassen, es geschehen lassen.

Wenn deine Seele es wünscht, geschieht Heilung, Befreiung, Verwandlung.

Es geschehen die Wunder, die unsere Wunden heilen, Wunder, die keine Wunder sind, sondern die Folge des Beschlusses den Weg der Befreiung zu gehen.

Wie oft leiden wir unter dem Ego der anderen Menschen!

Wie oft stehen wir draußen verloren in Kälte und Sturm!

Und wie oft hoffen wir auf ein Wunder.

Doch es steht schon vor der Tür. Wir brauchen sie nur zu öffnen. Es ist das Leben selbst, das sich uns immer überraschend offenbart und nie müde werdend, schon die neuen Wunder vorbereitet.

Also öffne die Tür und nimm das, was da vor dir steht. Nimm es einfach an, egal, ob es dir golden und süß erscheint oder wie ein furchtbares Monster. Denn in jedem Fall ist es ein Wunder, ganz unberechenbar und aus gutem Grund für dich gemacht.

Diese Türe ist das Tor und dieses Tor steht immer offen.

Der Augenblick ist das Tor, durch das wir in die Freiheit schreiten und er ist immer zugleich das Ziel.

Im Augenblick angekommen, erleben wir ein ganz direktes Denken, unbeeinflusst von Worten und Begriffen, welche es einengen und begrenzen. So sind wir mit der Ebene des Seins verbunden, die nicht durch unsere Interpretationen manipuliert wird und die hinter der gewöhnlichen Betrachtung der Erscheinungen liegt und aus welcher sich unablässig unsere Wirklichkeit herauskristallisiert. Diese tiefere Gedankenschicht ist prinzipiell schöpferisch, weist auf die Vielfalt der Möglichkeiten hin und ist somit immer zukunftsorientiert.

Verankert im heiligen Augenblick, verlassen wir unsere konditionierten Reaktionsmuster und ein ganz direktes Handeln wird möglich, ein ganz neuer Umgang mit Gegebenheiten oder Problemen.

Und dieses Tor steht immer offen.

Dieses Tor heißt Ich bin Ich.

Auch ich nehme an: Ich bin Ich.

Ich habe einen Job, eine Telefonnummer, Freunde, Selbstverständnis und so weiter fort. Doch wer ist das am Ende, der das sagt, der da handelt, der da zuschaut. Der Beobachter identifiziert sich nicht mit den Dingen vor seiner Nase und auch nicht mit ebendieser Nase. Und der, der den Beobachter beobachtet, der bist du auch. Das ist der Aspekt, der nicht so leicht verloren geht und näher beim Ewigen liegt, das du schon immer suchst.

Du darfst dir selbst und deinem Selbst vertrauen und ich schlage vor: Fang doch gleich jetzt damit an.

Auf was wollen wir warten? Was erwarten wir? Können wir überhaupt damit aufhören, etwas zu erwarten. Wir wissen, Erwartungen sind die beste Voraussetzung für Enttäuschungen. Und dennoch richtet sich dieses sich öffnen ja immer irgendwie auf etwas Zukünftiges. Also lasst uns immer das Beste erhoffen, denn so werden wir auch das Beste erhalten. Also öffne dich und gehe ein Risiko ein, verlasse deine Komfortzone und öffne dich. Wenn du Lust hast, dann verlasse einmal deine Vergangenheit, in die du dich eingekapselt hast, dann verlasse einmal die Mittelmäßigkeit, um ganz aus dem Vollen zu schöpfen.

Begrüße das Unbekannte, denn das Neue, das in dein Leben kommt, ist eine Botschaft des Göttlichen.

Empfange es mit großer Freude, auch wenn es dir unbequem erscheint. Das Neue macht es dir oft nicht leicht, deshalb wählst du wieder das Alte, weil du denkst, dass es keine Schwierigkeiten macht und Trost und Schutz verspricht.

Doch du bist keine Insel und das neue ist gar nicht zu bremsen. Also öffne dich für den offenen Ausgang. Dieses Sich-Öffnen ist ein Fest und du kannst nur gewinnen.

Aber du musst es noch nicht tun, sondern nur, wenn du Lust hast.

Das Wunder des Glücks

Was wir wollen, ist ganz einfach: Wir wollen glücklich sein, das ist alles. Natürlich gibt es oftmals viele Dinge, von denen wir glauben, dass wir sie brauchen, um glücklich sein zu können. Aber stimmt das auch, ist das wirklich wahr oder glauben wir das eben nur aus den verschiedensten Gründen.

Im Grunde fehlt uns gar nichts.

Sogar unsere Wünsche werden sich erfüllen.

Es ist ganz zwecklos sich aufzuregen, dass man so ist, wie man ist, dass es so ist, wie es ist. Man ist frei und kann tun, was man will. Das, was man tut, ist ja genau das, was man tun will, sogar wenn man sich aufregt. Es gibt also gar keinen Grund nicht glücklich zu sein.

Ja, wir sehnen uns alle nach Glück. Und dieses Glück, das wir damit meinen, kennen wir schon – man kann sich ja gar nicht nach etwas sehnen, was man überhaupt nicht kennt – denn es ist unsere Natur, unser ureigenstes Wesen. Daher sucht man sich selbst, wenn man das Glück sucht. Wir suchen es, weil wir das Gefühl haben, es verloren zu haben. Und wir suchen oft in der falschen Richtung, irgendwo da draußen vermuten wir es. Doch es ist ein von allen äußeren Dingen unabhängiges Glück, etwas, das wir nur im eigenen Herzen finden werden, das wir nicht erwerben können und also nicht in der Welt zu suchen brauchen. Dieses bedingungslose Glück hat nichts gemein mit den Vergnügungen des Lebens, bei denen der Verlust oft größer ist als der vermeintliche Gewinn.

In der Welt wirst du kein Glück von Dauer finden und es festzuhalten wird dir nicht gelingen. Doch im Grunde wollen wir in allen unseren Bemühungen zu guter Letzt immer nur eines: Glücklich werden. Diese Sehnsucht ist einfach da, wie Hunger oder Durst.

Was also ist zu tun?

Es gibt nur eine Möglichkeit: Und das ist, einfach glücklich zu sein, ohne Grund und wenn und aber. Und das ist ganz einfach, denn wir sind, wie gesagt, daraus gemacht. Es ist unsere Grundsubstanz und jeder kann es spüren, wie Champagner perlt es ekstatisch durch jede Zelle.

Es ist immer die richtige Zeit dafür, seine Augen für die Schönheit zu öffnen. Die Schönheit, beziehungsweise unser Streben danach, nach dem Edlen, das ist unser Schicksal. Dein Schicksal das bist du. Wie willst du die Schönheit in dir erkennen, wenn du die Schönheit um dich herum nicht siehst. Diese ist reichlich vorhanden und könnte dein Schicksal sein.

Liegt die Schönheit tatsächlich im Auge des Betrachters oder ist es auch etwas außerhalb, etwas wie Harmonie und Ordnung. Aber auch im Chaos, im Wilden, Ungebändigten finden wir es. Wenn wir unsere Augen dafür öffnen, sehen wir sie überall. Wohin wir auch schauen, sehen wir sie, sehen wir ins Antlitz des Augenblicks, in seine Ruhe und in seine Wildheit und Unberechenbarkeit. Das Sehen selbst ist Schönheit, der Vorgang der Wahrnehmung lässt uns hineinfließen in die Weiten des Ozeans des Existenten, des Entstehenden und Vergehenden. Schönheit ist die Qualität der Freiheit und des Lebendigen.

Eingegrenzt und eingezäunt wirst du zum Haustier. Das Abenteuer erwartet dich im Grenzland. Dort wirst du ganz lebendig sein. Es ist Wildnis, unberührte, ungezähmte Natürlichkeit, die dir das Gefühl gibt, dein Sein ganz ausgeschöpft zu haben.

Wir sind Kinder, auch wenn wir gut erzogen wurden.

Es gibt viele Ziele, aber ein Ziel gibt es nicht, sondern nur das Leben und seine Kreativität. So entsteht Wirklichkeit.

Deine Bewertung ist die Brille zwischen dir und den Dingen. Was du Wirklichkeit nennst, ist deine Art der Wahrnehmung.

Du darfst spielen und Unsinn treiben und lernen.

Du darfst es ernst nehmen oder auch nicht.

In Wahrheit sind wir Kinder, die spielen, egal ob mit Bauklötzen oder mit Atombomben.

Also genieße, was da ist und was du tust.

Hast du jemals die Verantwortung übernommen für alles, was dir den ganzen Tag über passiert.

Tausende Gedanken pro Tag jagen durch deinen Kopf. Sind es deine? Hast du sie gerufen? Schlechte Gefühle dauern nur wenige Minuten. Sie ziehen vorüber, wenn du dich nicht festbeißt. Nicht hinter jeder Emotion steht ein Denkmuster. Manches fangen wir uns einfach nur im Vorübergehen ein. Sind wir die Herren im Haus oder wer ist es sonst?

Auch die Unverbindlichkeit und Bindungslosigkeit mag Bindung sein und innere Fessel.

Befreiung kommt von innen und so werden wir von innen anklopfen auf unserem inneren Weg.

Spiritualität ist kein Vergnügungsspiel, doch wer es ernsthaft spielt, dessen Leben wird ein Vergnügen.

Gerade heute genieße den Tag und sei freundlich zu allem und jedem.

Gerade heute genieße das, was da ist, anstatt etwas anderes zu erwarten.

Das Glück ist nichts anderes, nicht irgendetwas anderes, sondern das, was da ist, das, was du sowieso hast und dir gar nicht genommen werden kann. Das Glück brauchst du also nicht zu suchen, denn du stehst mittendrin in der Scheiße, mitten im Wunder oder wie auch immer du es nennen willst.

Das Glück, es ist dein Weg – ja, und es ist auch eine Entscheidung, sich für das Glück zu entscheiden oder für Gott, denn Gott ist Glück, ist die Antwort, die Antwort auf alles, ist Frage und Antwort in einem. Fragender, Gefragter und die Frage sind eins, spielen ein Spiel, ein Glücksspiel.

Übung zu Kapitel 5: Meditation und Spiritualität

Diese Übung umfasst 4 Schritte, die grundsätzlich im Retreat, im alchemistischen Prozess und auf dem transformatorischen inneren, spirituellen Weg zu finden sind und dauert zirka 20 Minuten.

Zuerst wählst du einen Gegenstand, der dich anspricht. Einen Stein, eine Blume, eine Frucht oder was auch immer.

1. Konzentration

Du stellst den Gegenstand vor dich und blickst ihn an. Du gestattest dir nicht abzuschweifen und hältst diesen Fokus für circa 5 Minuten. (Benütze vielleicht eine Stopp-Uhr) Dies erfordert eine gewisse Disziplin und stärkt unsere Fähigkeit der Konzentration.

2. Kontemplation

Jetzt schließt du deine Augen und siehst das Bild des Gegenstandes vor deinem inneren Auge. Halte auch dieses innere Abbild wieder für circa 5 Minuten und erfahre welche Qualität, welche Energie oder welcher Geist sich durch und in diesem Bild manifestiert. Dies können verschiedene Qualitäten sein, wie zum Beispiel Kraft, Schönheit, Klarheit, Lebendigkeit, Liebe, Festigkeit, Beweglichkeit und vieles mehr. Auf geheimnisvolle Weise wirst du mit diesen Energien verschmelzen, was wie von selbst zum nächsten Schritt führt.

3. Meditation

Erfahre nun in deiner Meditation, dass dieser Geist, diese Kraft durch alles, wie eben auch durch dich selbst strömt, dass er die Matrix ist, aus der heraus sich alles materialisiert und verbinde dich mit dieser. Auf diese Weise wirst du eintauchen in ein Gefühl von Einheit und dich eingebettet fühlen in etwas, was größer ist wie du und dich und alles trägt. (Wiederum für 5 Minuten)

4. Realisation

Fühle und halte weiterhin deine Verbindung zu diesem allen innewohnenden Geist, auch während du jetzt deine Augen wieder öffnest und betrachte den Gegenstand und dann auch die Welt vor dir. Sieh das Wunder der Existenz, die Materie als kristallisierten Geist oder kristallisiertes Licht und spüre, dass du nicht nur in einer mechanischen Welt lebst, sondern auch in einer magischen. Laß die Schönheit dieser Erfahrung des Geistes und der damit verbundenen Liebe einfließen in dein Denken, Sprechen und Handeln und sieh, wie sich so dein Potential, die Kraft, Reinheit und Schönheit deiner inneren Welt in der Äußeren realisieren wird.

Betrachte also dein Leben in seiner vollkommenen Form für nochmals 5 oder mehr Minuten.

6. Die Liebe und das Spiel

Das Spiel

Alles dreht sich, alles tanzt, alles spielt und natürlich spielt die Liebe mit dir. Dieses Spiel macht Freude, selbst wenn es manchmal schmerzt, denn die Spieler verfolgen ein Ziel und das Ziel ist die Liebe.

Was brauchst du?

Was braucht dein Herz?

Welche Worte will es hören?

Es ist voller Sehnsucht, eine Sehnsucht, die sich wandelt, wie die Wellen auf dem Ozean. Die Wellen sind das, was du schon kennst. Doch dahinter steht das, was sich nicht wandelt. Es ist ein Meer aus Liebe. Und das kennt den Grund deines Tuns. Es hält dich und hält sich für immer für dich bereit. Wenn du es bemerkst, wirst du sehen, dass es das ist, was du schon immer gesucht hast und dass es schon immer da war und dass du es selbst bist.

Welches Gesicht zeigt dir die Liebe jetzt und in welcher Gestalt spielt sie mit dir?

So sanft, grausam und schön ist dieses Spiel!

Der Spieler hat diese Augen erschaffen, um seine Schöpfung zu erblicken, um das Spiel zu sehen.

Wenn ich die Liebe suche, dann muss ich behutsam vorgehen, denn sie ist scheu wie ein Reh.

So blicke ich auf dich. So sanft, wie der Flügel eines Schmetterlings, möge mein Blick auf dir und den Dingen ruhen, damit sich mir ihr Glanz enthüllt.

Das Ego trennt, die Liebe verbindet.

Das Ego und die Liebe sind eins. Die wahre Liebe macht keine Unterschiede, sie sieht nur das Spiel.

Es ist gut, wenn du ein Problem hast. Dein Problem ist das, was dich heilt und wenn du es nicht als heilsam empfindest, hast du dein Ziel verfehlt. Doch das macht nichts, du bekommst neue Chancen.

Alles läuft immer wieder auf die Liebe hinaus.

Wenn du liebst, ist es egal, wen oder was du liebst. Dann findest du die wahre Liebe an jeder Ecke.

Lieben und sterben sind gar nicht so verschieden. Diese Hingabe, dieses Aufgehen in einem andern, dieses etwas wichtiger zu nehmen als sich selbst, sorgt für dieses sich Ausweiten, sich Auflösen und bringt ein Sterben des festen und konstruierten Teiles von uns mit sich. Die Liebe opfert das Ego für etwas Größeres, Wahreres. Diese Sterben ist der Preis für eine neue Geburt und es bedarf einer starken und entwickelten Persönlichkeit, um diesen Prozess zu vollziehen. Eine noch in Entwicklung befindliche Persönlichkeit muss nach Entfaltung streben und wird sich wohl erst in ihrer Blüte dem Mysterium, dem ewig Neuen öffnen, um sterbend ihren Duft sich verströmen zu lassen. Dieser Duft enthält wie der Same die Essenz und verschmilzt sich verschwendend mit dem Rest, dem nicht Ich.

Die Liebe ist mehr als ein Gefühl. Sie ist das Leben und der Tod.

Sehnsüchtiges Atmen lässt dich den Tod als ein Fest verstehen. Das Bedingungslose ist einfach da, du kannst es Liebe nennen und du musst es dir nicht erst verdienen. Es ist die wahre Liebe und die findest du an jeder Ecke.

Ich, Espabad, sage das und nicht nur um zu provozieren.

Du brauchst dein Leben nicht mit Bedeutung zu schmücken, aber bringe es auf den Punkt, sieh den Zusammenhang und finde den roten Faden.

Du reflektierst die Liebe wie der Mond das Licht der Sonne, doch nur, wenn er sich nicht dazwischen schiebt, doch nur, wenn du dich nicht dazwischen stellst. Also steh nicht im Weg. Du bist die Verbindung und dein sehnsüchtiges Atmen öffnet das Tor für die Liebe an jeder Ecke.

Siehst du nicht, wie der Geliebte um dich wirbt, wie er versucht dich zu locken. Hörst du nicht, wie er flüstert: Komm, komm zu mir, spiel mit mir, komm in meine Arme. Er lockt dich durch seine Liebe in seine Liebe. Durch die Schneeflocke, die zart deine Stirne küsst und schmelzend vergeht, durch den Wind, der sanft durchs Haar dir streicht, durch den Tanz der Schwalben am Himmel, die dir die Freiheit zeigen und die Leichtigkeit, auf tausend Arten lässt er dich die Süße des Lebens schmecken und durch seinen Atem, der dich von innen berührt und liebkost, zeigt er dir wie alles atmet und pulsiert und lebt. Das Leben ist sein Spiel und er umarmt dich mit diesem Moment und schenkt ihn dir als kostbare Möglichkeit und als das Herz des Seins.

Es ist der Geliebte, der dich hält.

Wenn du einmal die Gnade erfahren hast und durchs Schlüsselloch hinaus geblickt hast in diese Freiheit, Schönheit und Größe der anderen Welt, dann wirst du dich vielleicht fragen, was uns hier auf dieser Bühne der Dramen hält und was wir hier wohl zu erwarten haben.

Nachdem dieser visionäre Blick sich wieder verschlossen hat und du merkst, dass es nicht in deiner Macht steht, das Tor zu öffnen oder offen zu halten, wirst du ganz allmählich erkennen, was dich hier hält:

Es ist die Erfahrung einer ganz besonderen Prüfung, die Erfahrung der Liebe unter diesen einmaligen Bedingungen, auf einer Bühne, auf der ein Theaterstück inszeniert wird mit Akteuren, die das Stück nicht kennen und es erst erfahren durch ihr Spiel, durch ihre Improvisation und durch die Liebe, die sie immer wieder verbindet und befreit.

Was dich hält ist die Liebe und nur sie ist es, die das Tor wieder öffnet, das Tor, das nie geschlossen war.

Die Liebe

Immer noch mehr und noch mehr Probleme scheint uns das Leben zu bereiten. Es werden nicht weniger und wenn wir das eine erledigt haben, taucht ein neues auf. Ja, es scheint kein Ende zu nehmen und hier die Natur des Lebens zu sein.

Wenn man Probleme in der Liebe hat, dann ist die Lösung mehr zu lieben und noch mehr und immer noch mehr. Die so wachsende Liebe trägt uns dann DER Liebe entgegen, die wir immer gesucht haben, die der Stoff ist, aus dem wir gemacht sind und die keine Probleme bereitet.

Bedürftigkeit ist etwas anderes wie Liebe und doch wird das so oft verwechselt. Auch wenn man von etwas abhängig ist, sexuell, emotional oder sozial zum Beispiel, kann man es leicht für Liebe halten.

Doch die Liebe ist ein Kind der Freiheit.

Dennoch kann sie uns, so scheint es, genau diese rauben und dennoch ist der Mensch bisweilen sehr berechenbar und automatisiert. Er tappt immer wieder in die eigene, in die gleiche Falle, in genau die, die er braucht, um die Erfahrungen zu machen, die er machen muss, um zu verstehen und um den Weg in die Freiheit zu finden.

Doch ist das Liebe, wenn wir leiden an der Liebe oder doch nur der übliche gekränkte Egoismus?

Ja, es ist auch Liebe und es ist auch das Mittel, das uns lockt, um noch mehr zu lieben, um dahin zu gelangen, wo die selbstsüchtige Liebe endet und das beginnt, was dieses Wort wirklich meint.

Sie ist ein Kind der Freiheit und sie ist die Mutter dieses Kindes.

Poesie ist Schönheit, ist Liebe und Liebe erweckt die Poesie zum Leben, wie der Kuss des Regens die Erde. Seine Melodie zerfließt, verdampft im Glanz dieser Sehnsucht, die sie zum Himmel trägt, zu den Gedichten des Windes, die leichter sind, noch leichter als dieser. Alles ist von der gleichen Natur. Und immer leichter und luftiger wird das Leben und seine Poesie, die die Liebe zum Leben erweckt.

Liebe wird immer Freude in dir auslösen und in dem Menschen, den du liebst. Wenn deine Liebe keine Freude auslöst, dann ist es etwas anderes, aber keine Liebe.

Sex mag ein Ausdruck von Liebe sein und kann doch auch nur sehr wenig mit dieser zu tun haben.

Liebe ist kein Deal, keine Interessengemeinschaft und auch keine Bedürftigkeit oder nur ein Gefühl, sondern diese schimmernde Perle.

Ein Tag oder eine Begegnung ohne Gefühle ist wie ein Tag ohne Wetter.

Es gibt diesen Kampf zwischen Herz und Verstand und wir haben ja fast alle Angst vor der Liebe. Doch wagen wir es die Muschel unseres Herzens auch nur einen Spalt breit zu öffnen, so wird sichtbar diese schimmernde Perle, in die sich alles Leid verwandelt.

Wenn du liebst, ist es egal, wen du liebst.

Die Liebe ist immer ein Anfang, du weißt nicht, was sie mit dir vorhat, unberechenbar und voller Überraschungen, ein ewiger neuer Anfang in jedem neuen Augenblick.

Am Anfang scheint der Weg lang und ist steinig und voller Dornen und oftmals musst du Abschied nehmen in dieser Welt der Illusionen. Doch dieser Augenblick wird niemals dich verlassen. Er sorgt für sich selbst und für dich. Er wartet immer auf deine Rückkehr und heißt dich voller Freude willkommen, wie beim ersten Mal, denn niemals sagt die Liebe: Dies ist das letzte Mal.

Lächelnd atmend küssen wir die Erde auf unserem Weg mit jedem neuen Schritt, denn immer sagt die Liebe jetzt, jetzt ist ein neuer Anfang.

Die Worte der Liebe sind Stille. Sie sorgt für sich selbst und für dich.

Sehnsucht

Die Stille birgt die Sehnsucht in sich und stillt sie.

Jeder Atemzug schenkt meiner Sehnsucht Weite, meiner Sehnsucht nach Vereinigung und nach Ruhe in dir.

Deine Worte sind Stille, sind mein Schweigen und klingen in allem Gesagten. Du bist der Sturm und der Friede im Getöse der Welt. Ein Hauch von ewiger Liebe schwingt in jedem lichtvollen Atemzug.

Sehnsucht treibt uns voran und wir hören ihre Stimme, wenn unsere Seele spricht. In der Stille, wenn wir schweigen, können wir sie hören. Die Sehnsucht hat immer ein Ziel, dorthin will sie uns dirigieren. Doch wir wissen nicht, dass sie selbst das Ziel ist. Und so stecken wir uns beständig neue Ziele und das ist gut so.

Wir erreichen es. Wir verlieren es. Wir erreichen es immer wieder. Immer wieder wollen wir ein Ziel erreichen, fertig sein, ankommen, doch kaum sind wir fertig, beginnt es schon wieder von vorne, geht es schon wieder weiter – doch wohin?

Übernimm die Verantwortung und gib darauf deine Antwort, auch auf deine Reaktionen und deine Gefühle, denn sie entstehen in dir.

Wie sieht deine Geisteshaltung aus? Wenn du deine Seele sprechen lässt, dann ist die Antwort die Liebe.

Du erreichst sie und sie erreicht dich, immer wieder und eines Tages verlierst du sie nie wieder.

Das Ego, dein individueller, abgesonderter, scheinbar selbstständiger Aspekt, der diese unglaublichen Blüten und Dramen erzeugt, sehnt sich nach Macht und Erfolg, deine Seele sehnt sich nach dem süßen Leben.

Ja, auch du brauchst Nahrung und willst Süßigkeiten.

Du brauchst auch emotionale Nahrung und Orte zur Inspiration, wo du brennen kannst und atmen, wenn nicht, dann zieht sich deine Seele zurück und dein Feuer erlischt.

Die großen Freuden und die Kleinen unterscheiden sich kaum. Freude ist Freude. Sie blickt nicht zurück auf ihre Ursache. So öffne dich für die kleinen Freuden, sammle sie, sie werden dich glücklich machen. Sie sind der Nektar auf dem Weg.

Oft führt der Weg durch dorniges Gestrüpp, um zum Honig zu gelangen.

Was ist gerade jetzt die Süße deines Lebens, die hervorgegangen ist aus deinem stacheligen Weg?

--- mache hier eine Lesepause, um dies zu erforschen ---

Welcher Traum ruft dich und ist so bedeutungsvoll für dich, dass du alle Stacheln ertragen würdest, um es zu verwirklichen?

--- mache noch eine Pause, um auch dies zu explorieren ---

Vielleicht ist dies das Ende aller Eskapaden oder der Anfang.

Überall schienst du zu sein, nur nicht da, wo ich war. Da war nur meine Sehnsucht, die mir den Mangel zeigte und so den Weg zu dir.

Wenn die Liebe in dir erwacht, sprudeln hervor aus dir all die Gelübde und Versprechungen, die du niemals wirst halten können. Jetzt wird der in dir, der glaubt, er habe noch so viele Möglichkeiten nicht mehr ernst genommen von dem, der weiß, dass es Zeit ist aufzugeben für die letzte und einzige Möglichkeit.

Ich bin zwar schon ein etwas älterer Mann, doch heute fühle ich mich wie eine Knospe. Das macht die Liebe aus mir. Sie ist wie Champagner für jede Zelle und ich sehe keinen Grund mehr für die Geheimniskrämerei um die Liebe, die keine Versprechen erwartet, denn Gott selbst ist verliebt in sich und meine Eskapaden.

Befreiung

Du musst frei sein für diese Eskapaden und Launen des Lebens. Doch wie befreist du dich?

Jetzt pass auf, denn so befreist du dich:

Solange du dagegen kämpfst, wirst du nicht siegen, denn du kämpfst ja schließlich gegen dich selbst.

Und du brauchst auch nichts loszulassen, sondern du musst verstehen, was du da fest hältst und warum.

Es sind die im Körper festgefrorenen Gefühle, die dich leiden lassen, die nicht zu besiegen sind und die du mit tausend Strategien bekämpfst oder vertuschst.

Es braucht also einen ganz anderen Weg und der ist ganz einfach:

Komm heim zu dir und schau, was da gebraucht wird. Die sogenannte negative Emotion will dich, denn du warst auch ihr Schöpfer. Sie braucht deine Aufmerksamkeit. Sie ist gestaute Energie, die sich entspannen wird, wenn du sie in deiner Gegenwart zulässt, die sich zurückverwandeln und wieder zusammenfließen wird mit all den Energien, aus denen du bestehst.

Wenn du so endlich deinem Schmerz begegnest, dann gibt es keinen Trost und keine Medizin für dich, doch er braucht deine Präsenz und deine Liebe. Den großen Schmerz in seinem Leben anzunehmen ist keine Kleinigkeit und doch so einfach, wenn man es denn tut.

Doch so befreist du ihn und auch dich selbst.

Und es beginnt ein Leben auf den Flügeln unseres Herzens.

Wenn wir die Essenz hinter den Strukturen des Lebens erfassen, erkennen wir das beständige Strömen von innen nach außen. Aus den tiefsten Tiefen kommend, steigt es in transzendente Höhen, um sich dort wieder zu vereinen mit dem allgegenwärtigen Inneren. In diesem unendlichen Verwobensein von geistiger und materieller Wirklichkeit bleibt nur das eine Sein übrig, die Medaille mit den vielen Seiten.

Gleichzeitig, während wir die Irritationen und Verstrickungen der Existenz ertragen, segeln wir, die zwingende Alltäglichkeit verlassend, getragen von den Flügeln unseres Herzens, weiteren und freieren Wirklichkeiten entgegen.

Um Befreiung zu finden, müssen wir die Fesseln lösen. Beziehungen sind wunderbar und doch, wenn wir sie mit Erwartungen überfrachten, werden sie nur allzu leicht zu Bindungen und der Halt, den sie uns versprechen, entpuppt sich oft als etwas, was uns nicht nur hält, sondern festhält und hindert am leichten Voranschreiten und sich Entfalten.

Viel hast du gegeben und viel hast du bekommen ...

Du lebst, wenn du das liest und du hast Beziehungen.

Also picke dir eine heraus, eine Wichtige, egal ob zu deiner Arbeit, zum Leben oder einem Partner oder Geliebten oder zu was auch immer und frage dich ruhig einmal ganz zwanglos:

Was hast du bekommen?

Was hast du gegeben?

Mache hier eine Lesepause und schließe die Augen

Sich um sich selbst zu kümmern, das ist gut.

Sich um jemand anderen zu kümmern, das ist gut und befreit von der eigenen Bedürftigkeit. Weit und groß wird dann das Herz, das heißt, wenn du glücklich werden willst, dann mach zuerst einen anderen glücklich.

Wie soll der Liebende Frieden finden, wenn nicht dadurch, dass er selbst ganz Liebe wird.

Befreiung erfolgt oft vollkommen anders, als wir meistens denken und nur schwerlich, wenn wir hinausstürzen in die Welt der Abenteuer. Dort erwartet uns das Drama, die Erfahrung von Reibung und natürlich Wachstum, auch eine Art von Befreiung. Doch wirkliche Befreiung finden wir innen durch Heilung, durch ein Erkennen, dass wir schon immer frei waren, egal welche Wunden uns geschlagen wurden, durch ein Heilen verwundeter Liebe.

Tief in mir ist noch eine Wunde, die nicht heilt. Mein blutendes Herz, ich folge nicht diesem roten Rinnsal hinaus in die Welt. Nein, ich betrete meine Wunde und gelange durch diese Öffnung in dein Inneres. Dort finde ich eine Welt der Liebe, die alle Wunden heilt.

Befreiung aus unserem Gefängnis geschieht durch Heilung, das heißt Ganzwerdung und führt uns in den Fluss des Lebens und es entsteht Harmonie und Schönheit, treibend im Fluss der Liebe findest du Erfüllung.

Erfüllung

In Beziehungen finden wir Erfüllung und es erfüllt sich in der Beziehung zu uns selbst, zu unserem Selbst.

Für wen oder was tust du das, was du tust, wirklich?

Für dich, für dein Ego? Etwas, das es vielleicht gar nicht gibt. Doch warum nicht für die Liebe?

Liebe für etwas erzeugt Interesse und Interesse an etwas erzeugt Liebe. Und was interessiert dich, wenn nicht die Liebe. Was interessiert dich sonst noch, außer der Liebe?

Wenn du dieses Buch hier liest, dann gehörst du wahrscheinlich zu jenen, deren Bestreben sich in einem Punkt, einem Ideal zu zentrieren beginnt.

Manchmal, wenn dir scheint, dass nichts und niemand deine Liebe erwidert, dann nur, weil du zu wenig liebst. Du brauchst nicht um Körpersäfte zu betteln, lass sie fließen. Selbst die Monde tanzen mit den Sternen, wenn wir uns lieben.

Ich brauche deine Liebe nicht, wenn ich liebe, denn dann bist du ja da.

So finde ich Erfüllung in meiner unerfüllten Liebe, die ich zu Grabe trage in einem Sarg aus Liebe, wo sie Erfüllung finden wird.

Das soll heißen: Liebe, so sehr du nur kannst.

Angriff, um nicht angegriffen zu werden, also aus Angst oder Schuldgefühlen ist in Wirklichkeit oft Verteidigung und dient so der Erhaltung des Problems. Wenn der Angriff demnach ein Ausdruck von Angst ist, dann ist es auch ein Hilferuf, eine Bitte um Liebe.

Je größer die Liebe wird, desto kleiner die Angst.

Also keine Angst – liebe so sehr du nur kannst und selbst wenn du das Geliebte nicht erringst, so gewinnst du doch zu guter Letzt die Liebe selbst.

Stell dir einen Menschen vor, der sich schon lange nicht verändert hat. Liebe ihn. Liebe ihn so, wie er ist, dann kann er sich leichter ändern.

Wenn du nur einen Menschen wirklich geliebt hast, dann hast du Gott geliebt und dich selbst gefunden, wenn auch nicht den, den du vorher gekannt hast.

Natürlich gibt es eine Erfüllung draußen in der Welt, wenn sich unsere Vorstellungen, Wünsche, Erwartungen und Absichten im Leben verwirklichen. Selten, dass die Befriedigung, die daraus resultiert, von Dauer ist. Dennoch spiegelt der Erfolg unsere innere Haltung und lässt uns an unseren Aufgaben nicht nur wachsen, sondern gibt unserem Dasein auch den Sinn, den wir oft so dringend brauchen.

Aber es gibt eine noch tiefer gehende Erfüllung, die völlig unabhängig von den äußeren Umständen erfahren werden kann. Wir erleben sie in der Hingabe an den ewig strömenden Augenblick, in der Hingabe an die Gnade des Daseins selbst und in einem Aufgeben und Aufgehen in etwas, was größer ist wie wir, in dem wir letztendliche Geborgenheit finden.

Diese zwei Seiten von Erfüllung, die äußere und die innere, bedingen und befruchten sich und öffnen das Tor zum Geheimnis, der Medaille mit den vielen Seiten, funkelnd in einer ewigen Sonne. Das ist das Ziel, das absolute Ziel des endlichen Weges.

Wenn du dem Gesang der Vögel lauschst, doch nicht ihre Botschaft empfängst, hast du es nicht erreicht.

Wenn du in den Ozean springst, doch nicht in die Liebe tauchst, dann hast du das Ziel nicht erreicht.

Wenn du in die Augen des Geliebten blickst, doch nicht schmilzt wie Schnee in der Sonne, dann hast du es nicht erreicht.

Und wenn du mit gebrochenem Herzen zum tausendsten Mal von Neuem beginnst, schon hast du alles Scheitern vergessen.

Und auch wenn du tausend Mal dein Ziel verfehlst, du wirst es doch erreichen.

Wohin du auch gehst, immer gehst du dem einen entgegen.

Doch erst wenn du mitten im Getöse der Welt die Ruhe bewahrst, ist ein Ziel der Meditation erreicht. Du erlangst Freiheit und die Herrschaft über dich selbst.

Meditation ist ein weiter Begriff, so weit wie Meditation selbst. Sie ist Mittel als auch Zweck. Sie ist dein Leben in Gott und sie ist das Leben Gottes in dir und sie ist ein Weg, auf dem der Mensch zur Liebe zurückkehrt, auf dem sich das Dichte, Grobe wieder in das Feine, Geistige wandelt.

Wenn wir schweigen und lauschen, werden wir die Stimme vernehmen, die uns unablässig führt, dem einen entgegen.

Erfüllung erfüllt sich in der verschwenderischen Fülle von Liebe, in der Erfahrung von Einheit.

Einheit

Was ist grausamer als Liebende zu trennen. Doch das ist das Spiel. Sich finden und sich verlieren, sich verlieren und sich wieder finden. Für Augenblicke, wenn Liebende sich vereinen, auch körperlich, sexuell kann Einheit erfahren werden. Das ist unser Spiel sowie auch das Spiel der Sterne und Galaxien oder der Atome und Elektronen. Anziehung und Abstoßung, zwei Richtungen, doch nur eine Kraft.

Welche Kraft ist es, die uns so sensibel werden lässt? Die Trennung ist grausam, scheint unerträglich. Die Liebe ist unermesslich.

Brich dein Schweigen und sprich aus, woran du sonst ersticken wirst. Wie sehnst du dich danach das Leben in die Arme zu schließen, auch wenn es dir bockig erscheint oder gerade weil du denkst, es würde dich nicht beachten.

Wer keine Heimat findet, möge aufhören zu suchen: Denn er steht mittendrin. Oder denke an den Tod und du wirst sehen, wie kostbar alles wird und wie schön, weil du jetzt deine Augen öffnest. Alles ist von unvergleichlicher Schönheit.

Ganz bei dir, brauchst du mit niemandem zu teilen und doch kannst du alles mit allen teilen.

Du bist nicht einsam, sondern eins, wenn du liebst. Die Liebe tut weh, die Liebe tut gut, es ist eins.

Alles kommt, alles geht.

Alles kommt wie von selbst zu mir. Alles geht wie von selbst von mir.

Was du nicht halten kannst, das musst du gehen lassen. Ja, die Liebe tut auch weh und die Sehnsucht. So viel Schmerz muss man ertragen. Liebe ist diese unendlich starke Anziehung und dieses Loslassen und dieser Tanz dazwischen.

Du gehst deinen Weg. Ich gehe den meinen. Eines Tages treffen wir uns wieder in Verbundenheit, in Einigkeit, in Einheit.

Die Fülle hat bereichert, doch die Einheit erlöst.

Irgendwann hast du keine Wahl mehr, vielleicht hattest du niemals eine Wahl. Wenn dich Amors Pfeil trifft, hast du keine Wahl. Du wirst vergiftet, berauscht mit dieser Liebe. Du hast keine Wahl, wenn du Einheit gekostet hast, wenn du in ihr Auge geblickt hast. --- Als ich in deine Augen sah, was sah ich da, was sah ich da? Nur dich, nur dich, nur noch dich.

Der Gedanke der Einheit ist ein kühner, unglaublicher Gedanke und geht über jede Vernunft hinaus: Da sind nicht viele Wesen und Dinge, sondern es ist ein Wesen, ein Sein, in dem alles mit allem, natürlich durch die Liebe, so wollen wir es nennen, verbunden ist. Ein Wesen, nichts außerhalb davon, ein Organismus, ähnlich wie dein Körper, ein System und doch, was weiß deine Hand schon darüber was eine Leberzelle gerade zu bewerkstelligen hat. Sie kennen sich scheinbar nicht wirklich, doch sie brauchen sich nicht nur, sondern sind Aspekte des einen Wesens, jetzt Aspekte von dir. Ebenso verhält es sich mit der universalen Vielheit des einen Wesens. Könnte es sein, dass auch dieses Wesen bisweilen den Überblick verliert? Wer weiß?

Liebe es so, wie es ist, soviel du nur kannst und über jede Vernunft hinaus. Was auch immer du tust, liebe dich dafür oder trotzdem und auch dafür, dass du nicht liebst.

Beachte nicht deine Sünden, sondern den Sünder.

Du bist im Himmel, wenn du beginnst die Hölle zu lieben.

Die Liebe ist so groß, wie das Fenster, durch das wir sie sehen. Öffne das Fenster weit, und schau, wer durch dein Fenster schaut. Schau ihm in die Augen, bis sie zu brennen beginnen. Ja, die Liebe ist ein großer stiller Ozean, der brennt.

Gib dich ihr hin, wem sonst, sie ist nichts vom Leben getrenntes.

Hingabe ist ein Akt der Liebe, ein zutiefst spiritueller Moment.

Und wir sollten diesen Begriff sehr weit sehen, so weit, dass er alles beinhaltet, auch die Einsamkeit zum Beispiel oder die alltäglichen Dinge oder eben diesen Augenblick und was auch immer er uns offenbart. Das Geringste wie das Größte werden in unserer Hingabe gleichermaßen gewürdigt, denn wenn wir die Schönheit im Kleinen nicht erkennen, so werden wir sie auch nicht im Großen erfahren.

Die Vollkommenheit erscheint durch unsere Hingabe. Als Liebende gibt es nichts vom Leben Getrenntes. Das ist das Glück der Verliebten. Sie fühlen sich eins und erfahren Einheit mit Allem, mit der ganzen Welt. Dieses Gefühl verzaubert alles in Poesie. Poesie öffnet uns die Augen, die Wahrnehmung und Achtsamkeit für die Schönheit erwachen.

Übung zu Kapitel 6: Die Liebe und das Spiel

YA RAHMAN

(Das H in Rahman wird wie CH gesprochen)

Die Bedeutung von RAHMAN:

Man kann es mit der Großzügige, der Barmherzige oder der Wohltätige übersetzen.

Die Schöpfung selbst ist reine Großzügigkeit, ein Geschenk an sich, ein Geschenk natürlich auch an uns. Und wir spiegeln diese Qualität wieder in unserer Haltung von Großzügigkeit gegenüber anderen und uns selbst. RAHMAN repräsentiert die Weite des Herzens, unsere Liebesfähigkeit. Diese wird geprüft im Besonderen den Menschen gegenüber, die uns geschädigt haben. Großmut gegenüber denjenigen, die uns verletzt haben, zu zeigen, ist eine der größten Herausforderungen und kann keinesfalls erzwungen werden. Mit dem Erwachen und der Kultivierung des Herzens wächst diese Fähigkeit und wir bemerken wie die Grenze zwischen dem, was wir ablehnen und dem, was wir mögen, immer transparenter wird. Das heißt unser Herz wird immer weiter und es entsteht Platz auch für die Menschen oder Dinge, die nicht so sind oder funktionieren wie wir uns das vorstellen.

Die Voraussetzung dafür ist, dass wir lernen, auch uns selbst so anzunehmen und wertzuschätzen wie wir sind. Sich selbst mit den Augen der Nachsicht, des Verstehens und der Liebe zu sehen, ist Heilung und wird uns die Entspannung ermöglichen, die es braucht bei uns und in unserem Leben anzukommen. Und das gilt natürlich auch im ganz Besonderen für unsere Schwächen und Fehler, die dann allmählich ihre zerstörerische Kraft und ihre Penetranz verlieren. Das weite Herz, die Liebe vergleicht nicht, kritisiert nicht, wertet nicht und verurteilt nicht, sondern nährt als die Gebärmutter des Zukünftigen das, was ist, damit es werde, was es werden könnte, wenn da nicht mehr ist, was es daran hindert. Die Liebe hindert nicht, sondern fördert auf selbstlose Weise und segnet das, was sich entwickeln will, hin zu immer größerer Vollkommenheit.

Bedürftigkeit und Mangel werden gefüllt mit Gnade und Segen, das Selbstmitleid, das uns blockiert und vergiftet, schwindet und Dankbarkeit und Fülle werden zur Quelle in unserem Herzen.

Natürlich sehen wir das Spiel da draußen in der Welt und den beständigen Lebenskampf, der immer noch grausam, ungerecht und tödlich erscheint. Doch in der Weite des Herzens von RAHMAN ist Platz für dieses Spiel und das Drama, das die Menschen so lieben. Wir sehen den Ernst des Spieles, doch hören wir auf, es ernst zu nehmen, wissend, dass alles einem Zweck dient, einem Ziel, das uns in der Liebe erlöst und vereint.

Bei dieser Übung atmen wir in und durch unser Herz, bleiben im Herzen konzentriert und genießen die befreiende Weite in unserer Brust, die uns den Raum gibt, den wir brauchen, um unser Leben in seiner Ganzheit anzunehmen.

7. Poesie und Achtsamkeit

Worte

Wenn es ein Wort gibt, dann gibt es immer auch das entsprechende Ding dazu oder eben die Idee, die es meint.

Alles hat seine Existenzberechtigung, sonst würde es nicht existieren. Auch unsere Sorgen und Ängste. Auch für sie gibt es Worte, auch ihnen haben wir Namen gegeben.

Und doch lösen sich diese vollständig auf in der Geborgenheit und Kraft des Augenblicks.

Nichts hat Bestand in der Wahrheit des Augenblicks, außer der Wahrheit selbst und ihr Gesetz wird erfüllt von Liebe.

Am Anfang war das Wort. Dieser bekannte Satz aus der Bibel trifft es perfekt. Aus dem ewigen Nichts heraus kommend sehnte sich die Sehnsucht nach einem Etwas, in dem sich das unendliche Potential erkennen und gespiegelt sehen kann. Dieses erste Wort ist ein Seufzen, ein sehnsüchtiges aus sich Herausgehen. Aus der Stille der Ewigkeit, um nicht im Schweigen des Unendlichen zu verharren, brachen die Qualitäten in einem Aufwallen des Mitgefühls hervor und befreiten sich, im kosmischen Mund von Lippen der Sehnsucht geformt, zu einem ersten Atem, wo sich abstrakte Intelligenz zum Wort zu begrenzen begann und, sich immer weiter in Sprache findend und konkretisierend, in die Schriften unserer Kultur und in den Lärm einer plappernden Menschheit mündet.

So entsteht Neues.

Das Wort ist Atem, ist Schwingung, ist Geist. Hinter jedem Wort verbirgt sich die ganze Welt. Wir denken in Worten, doch wir erfinden sie nicht. Wir denken in Sätzen, doch sie stehen schon geschrieben. Unser Material ist alt. Unablässig wiederholen wir und unablässig kombinieren wir. Wir sind kreativ. So entsteht Neues. Auch schreiben heißt zuhören und zulassen, es aus uns herausfließen lassen, dann lesen wir unsere Geschichte. Wir konfrontieren uns so mit unserer Wahrheit. Diese Wahrheit ist undenkbar. Vielleicht fühlbar, wie ein Gefühl oder lebbar wie das Leben. Es wird ein Denken ohne Worte. Das wollen wir nehmen, um schöne Geschichten zu schreiben.

Achtsames Sprechen ist unsere Übung, der Alltag ist unsere Übung. Jeder weiß, was man mit Worten anrichten kann. Sie sind Waffen, Werkzeuge und Heilmittel. Ein Wort kann alles in einem Augenblick zerstören, sowie auch den tiefsten Abgrund überbrücken. Worte wirken, haben Gewicht und sind doch nur ein Hauch, eine vorüberziehende Briese in einem Raum von Nichts. Wir denken und nehmen uns beim Wort und denken, es nicht so ernst nehmen zu müssen, denn es sind ja nur Worte.

Worte wie Blätter im Wind. Ihr Tanz enthüllt die Schönheit. Ihre Poesie ist die Sprache der Liebe. Liebe ist die Sprache des Unaussprechlichen.

Das erste Wort ist ein Seufzen, ein langes sehnsüchtiges Ausatmen, ein vorsichtiges sich hineinbewegen in das Geliebte, in die Arme der Liebe, wo sie ihr Spiel mit uns treibt.

Du brauchst nicht nach dem Weg zu fragen, im Lallen eines alten Säufers oder eines Säuglings kannst du ihn finden.

Stell dir nur vor, wie viele Worte gerade jetzt nur auf dieser Welt gesprochen werden, wie oft das Wort Liebe gerade fällt, in allen seinen Variationen, gehaucht oder gerufen und wie oft es gerade vergessen wird.

Keinen Weg zu haben, erscheint hart und grausam, sowie die Sprachlosigkeit, die ganz anders ist wie die Stille, die schön ist.

Doch wir werden verstanden, egal, was wir tun oder niemals sagen.

Die Stille ist ein Weg, der niemals in die Irre führt und wenn wir ihrer Stimme lauschen, hören wir das Wort der Wörter. Es ist schön und beantwortet jede Frage.

Was ist das Ding, das zu dem Wort Alltag gehört. Das ist unser Leben. Das wollen wir feiern. Der Alltag wird zu einem Fest. Der Alltag ist unsere Übung.

Wir denken meist nur an die Gegenwart, um dadurch die Zukunft vorzubereiten. Die Gegenwart ist nie unser Ziel. Doch jeder Augenblick des Lebens ist eine köstliche Gelegenheit.

Und natürlich gibt es Augenblicke, in denen wir einen höheren Sinn spüren:

Das sind erschütternde oder beglückende Sternstunden:

An nichts haftend, mit allem verbunden, kann unser Bewusstsein dann einfach nur empfangen ohne zu fragen oder festzustellen. Bis es zurücksinkt in die gewohnte alte Ordnung und zielgerichtet das Erlebte als etwas Bestimmtes, Bekanntes festnagelt und eine alte Schublade wird geöffnet und weiter vollgestopft.

Doch auch in unserem alltäglichen Gewohnheitsgeflecht schimmert das Wunder, blitzen die Lichter im Kristall des Augenblicks.

Gerade jetzt – ist die beste aller Möglichkeiten.

Das Wort JETZT ist ein Schlüssel, ein Zauberwort. Jetzt oder nie oder wann sonst, wenn nicht jetzt lasst uns feiern, denn wenn wir feiern, denken wir nie an die Zukunft.

JETZT ist das ewige Wort von Anfang an, für alle Tage ist der Alltag das Fest unsere Übung.

Poesie

Ja, wir brauchen Nahrung, aber auch für den Intellekt und das Herz.

Die Poesie des Lebens nährt unsere Seele. Poesie nährt nur begrenzt den Verstand, doch sie erzeugt eine Stimmung, ein Gefühl. Wir bekommen die Chance in ganz feine, zarte Regungen des Herzens einzutauchen und unser Verstehen verschmilzt mit einem Erleben.

Es geschieht, es geschieht, es geschieht.

Es geschieht eine Synthese von Herz und Verstand und wir gelangen an einen nicht alltäglichen Ort, wo wir uns immer wieder aufs Neue definieren können und fühlend durchbrechen wir so immer wieder die sklerotischen Strukturen unseres irdischen Gefängnisses, unseres weltlichen Seins und fliegen frei, getragen von der Vision des Augenblicks und den Möglichkeiten unserer Wahrheit.

Ja, das ist die Nahrung, die die Sehnsüchtigen brauchen.

Was ist Poesie? Es ist die Schönheit, die sich zeigt im Spiel und Tanz der Worte, der Farben und Formen und die sich lächelnd an die nackten Gerüste unserer Welt schmiegt. Poesie öffnet das Fenster und wir blicken ungefiltert und direkt in die Magie der unendlichen Landschaft, in den Tanz der kosmischen Seele.

Du glaubst es erst, wenn auch deine Seele tanzt.

Es ist schön. Es ist wunderschön.

Es tanzen Worte in den Bewegungen der Poesie gleich Tönen oder Farben von der Palette dieses Traums. Kein Maß hat diese Freude, die sprudelnd an den Facetten dieser Welt sich spiegelt.

Wohin du auch blickst, es ist schön.

Es ist wunderschön, wenn deine Seele tanzt.

Der Dichter, der Poet, der Künstler produziert nicht nur seine Phantasien, sondern er spiegelt die Phänomene der Dramaturgie der Existenz wieder in seinen Werken. Dies geschieht durch seine Wachheit und Aufmerksamkeit, die das Kostbarste ist, was er besitzt und die das Kostbarste einfängt in immer neuen Variationen und Gestaltungen.

Achtsamkeit führt zu Zärtlichkeit und ist zu guter Letzt nichts anderes als die Haltung des Liebenden. Sie führt uns zum sanften Umgang mit allem, geboren aus dem Ja zu allem. Dieses Ja ist auch ein Ja zu unserem Nein.

Vieles, mit dem wir helfen wollen, hilft gar nicht und auch Ratschläge können Schläge sein.

Achtsamkeit wird uns und den anderen dieses ersparen. Sie beginnt im eigenen Körper und macht uns den Atem bewusst, der uns mit allem verbindet.

Beachte diesen Moment als das kostbarste, was dir je anvertraut wurde.

Um unser Leben in Poesie zu verwandeln müssen wir nichts Spezielles tun und wir müssen nicht zu dichten beginnen, sondern es genügt den Zauber, der uns umgibt, wahrzunehmen und zulassen, dass er uns durchweht und durchdringt, denn innen wie außen und nichts dazwischen. Wir gleiten dann staunend wie Kinder durch die Erscheinungen eines Traumes und märchenhaft erscheint, was wir Realität nennen. Die Realität verliert ihre Festigkeit und wird lebendiger.

Das Leben lässt nicht locker, es geht weiter, es verlangt viel von uns. Es gibt alles und verlangt alles.

Kein Wunder, wenn Hektik und Stress entsteht. Doch kannst du auch noch achtsam sein, wenn du in Eile bist? Warum überhaupt bist du in Eile? Wenn du bemerkst, dass du die Achtsamkeit verloren hast, dann nicht, um dich zu tadeln, sondern um sie wieder herzustellen.

Konzentration ist erst einmal gar nichts so spirituelles. Sie ist ein Mittel für die Katze vor dem Mauseloch und wichtig für alle Ziele, die wir erreichen wollen.

Oder ganz einfach gesagt: Mach die Augen auf und pass gut auf dich auf.

Die Poesie der Achtsamkeit ist das bewusste Leben, das heißt ein Leben, das wir ganz auskosten, das wir in vollen Zügen genießen. So werden wir unser Leben nicht verpassen und ohne das Gefühl etwas versäumt zu haben, können wir jederzeit gehen und fürchten uns vor nichts.

Lächeln

Achte auf deine Bedürfnisse. – Sie brauchen dich. – Lächle ihnen zu.

Jeden Morgen stehe achtsam auf und stehe zu dir. Beachte deine Bedürfnisse und alles, was du tust. Das wird deine Wahrnehmung ändern und du wirst alle Dinge achten und jeden Augenblick. Denn dein Leben besteht nur aus diesen, nur aus Augenblicken.

Also vergiss nicht den jetzigen. Und lächle ihm zu, dem nackten Augenblick.

Da wir nicht wirklich bereit sind, das Leben anzunehmen, wie es ist, wollen wir immer etwas weglassen oder versuchen etwas hinzuzufügen. Unsere Träume und Wünsche sind sehr angenehm und verführerisch und selbstverständlich auch sehr wertvoll. Doch wir erzeugen durch diese Wünsche und Ideale eine überlagernde Struktur, als ob wir gar nicht die Absicht oder das Vermögen hätten, mit dem Leben zurechtzukommen, wenn es gerade nicht so ist, wie wir es wollen. In unserer gewöhnlichen Betrachtungsweise ist es schwer einzusehen, dass wir die Unannehmlichkeiten nicht loswerden müssen. Nehmen wir sie stattdessen an, entpuppen sie sich als Helfer auf dem Weg. Es ist vielleicht das schwierigste von allem, zu erkennen, dass gerade die Schwierigkeiten in diesem Augenblick zur Vollkommenheit gehören. Sie arbeiten mit daran, die darüber gelagerte Schicht abzutragen und zu durchlöchern. Durch diese Löcher lächelt uns der nackte Augenblick entgegen, die Wahrheit und der Friede.

Es gibt keinen Weg, der zum Glück führt, sondern Glücklich Sein ist der Weg, ist der Entschluss, nicht mehr der Spielball auf den Wogen der Liebe zu sein, sondern die Woge selbst, die sich erhebt, um mit anderen auf der Oberfläche des Ozeans zu spielen.

Die Existenz der Woge ist sehr relativ, begrenzt und kaum fassbar. So wird es nicht mehr so leicht sein, sich zu ernst zu nehmen und eine köstliche Medizin erscheint und das ist Humor und wohltuend kann man dann auch wieder über sich selbst lachen.

Das befreit.

Die Tränen der Sonne verdampfen in einem Lächeln.

Unsere Erde ist blutgetränkt.

Die Tränen der Sonne vertrocknen im Staub.

Das ist unser Alltag. Das ist unsere Bühne. Da werden wir es finden.

Es ist die Säkularisierung des Heiligen und die Sakralisierung des Banalen, Profanen.

Selbst als wir uns weit verirrt hatten, weit draußen waren, selbst dort waren wir drinnen. Wir können die Heimat nicht verlassen und niemand kann uns je vermissen --- dem wird sicher mancher entschieden widersprechen.

Unsere Welt ist trunken. Sie lächelt uns zu. Wir weinen aus Schmerz und aus Freude, sie sind die Farben auf der Palette.

Die Tränen der Sonne glitzern wie Tau, wenn du lächelst.

Flüsse von Tränen finden einen Weg ins Meer.

Verbanne das Leiden durch Liebe aus deinem Leben und lächle, denn dein Gott wird lächeln, wenn du lächelst.

Humor - das ist starke Medizin, wenn wir das schallende Gelächter vernehmen, das die Weiten des Alls erzittern lässt und dich erschüttert und du schüttelst alles ab, was schwer war und beengend. Doch das zarte Lächeln, das du dir schenkst und der Situation, in der du dich befindest, das wirkt wie Muttermilch und streicht dir sanft die Sorgen von der Stirn.

Ganz zärtlich und voller Liebe ist dieses Lächeln und still.

Stille

Ihrem Lockruf folgend, ganz Einssein mit dem, was geschieht. Perlend und zitternd in diesem Augenblick, dem Lockruf der Stille folgend. Dort lauert die Armee der Engel.

Da ist Stille vor den Worten.

Schicke deine Gedanken los wie eine Armee von Engeln. Dein Denken wird Licht. Durch dieses wird alles klar. Doch nichts macht das Licht klarer außer noch mehr --- Licht.

Da ist Stille nach den Worten.

Nähere dich der Stille dieses Augenblicks wie einer Blume. Rieche ihren Duft und nimm ihn zärtlich in dir auf. Sie hatte den Mut sich zu öffnen, so wie auch dieses Jetzt keine Knospe bleiben wird. Es erblüht. Der Duft der Stille verwischt die Wege und die Spuren. Du folgtest immer einer Spur, weil du dachtest, sie bringt dich zu Reichtum, Ruhm und Glück und du machst fette Beute. Doch die Fährte endet plötzlich, jetzt, in der Stille und ohne Logik. Du spürst Orientierungslosigkeit und ahnst eine völlig neue Chance. Du hörst den Ruf der Zukunft, jetzt, in der Stille, wo alle Fährten enden, sowie der Strom, der verendet in einer Wüste, die nicht endet. Es ist die Wüste der Wahrheit. Keine Wege, keine Spuren, nur unendliche Schönheit endloser Landschaft.

Diese Stille zu entdecken mitten in der Geschäftigkeit des Lebens, mitten im Lärm des Marktes, das ist Meditation. Sie werden es dir nicht anmerken und du wirst nicht auffallen, wenn du es nicht wünschst, denn du wirst deine Aufgaben erfüllen und deinen Job machen. Und doch wirst du beruhigend einwirken, ein wenig zumindest, auf die Hetze und die Jagd, denn im Hamsterrad des

Kapitalismus gibt es kein Ruhen und kein zur Besinnung kommen. Für Veränderung, die aus dem Inneren heraus geschieht, ist da kaum Raum. --- Keine Besinnung, keine Sinnlichkeit und eben auch kein Sinn!

Deshalb lass deine Wachsamkeit größer sein als dein Problem:

Deshalb jetzt diese Frage:

Wie lebst du dein Leben zur Zeit?

Wenn du das erkennen kannst, dann weißt du, wohin dein Leben läuft und vor allem, warum es so läuft, wie es läuft.

Meditation wird hilfreich sein, um achtsamer zu werden. Tu es einfach, egal wie groß dir dein Elend erscheint. Tu es einfach und du wirst erfahren, was du denkst und was dein Leben bestimmt.

Meditation ist eine Art zu sein, ein Tor zu sich selbst und zur Wahrheit, die das Hamsterrad dreht.

Vor den Worten war Stille.

Ein Morgen verzaubert mit seinen Ideen. Noch glänzen sie in der Abendsonne. Die Nacht schenkt uns ihr Geheimnis.

Nach den Worten ist Stille.

Und zwischen den Worten, da ist eine Lücke auf dem Papier, eine Pause, wenn du sprichst und durch diese Lücke bekommst du die Chance hinauszuschlüpfen in die Stille, die diese Worte hervorbringt. Da begegnet man einer Schwingung, etwas, das sehr fein ist, nicht grob und das uns gänzlich durchdringt und uns auf eine Frequenz einstellt, die uns entspricht auf unserem Stand der Entwicklung und die uns das empfangen lässt, was wir brauchen, eine

Art geistiger Nahrung. Wenn sich diese Schwingung nun allmählich erhöht, weil das der Sehnsucht der Schwere, der Materie entspricht, dann müssen wir nach und nach die gewohnten, starren Muster und Gewohnheiten zurücklassen. Dies ist ein oft schmerzlicher Ablösungsprozess. Nichts kann letztlich diese Entwicklung aufhalten. Nichts stoppt jemals die Evolution. Doch der Schmerz wird belohnt, ihm folgt die Freude, sein bester Freund. Alles hört den Ruf der Stille und alles singt sein Lied hinaus in den Raum, wo die Stille ihm lauscht. Immer wieder muss ich von ihr sprechen, von ihr, von der man nichts berichten kann – außer dass sie uns erwartet, um uns in die Arme der Ekstase zu nehmen, um uns teilhaben zu lassen an ihrem Duft, den wir atmen, ein und aus, den wir konsumieren und produzieren.

Die Poesie der Stille wird dich verzaubern und verwandeln. Die Stille ist ein Weg für den ewig Suchenden. Dort wird er fündig, weil es da nichts zu finden gibt, weil da nichts ist, kein Weg, sondern nur die Stille eben. Sie ist unsere Natur, die Natur der Dinge, die feine Schwingung, die wir auch erfahren wollen, wenn wir in die Natur gehen.

Natur

Die nach Erkenntnis und Befreiung strebenden sind immer wieder in die Natur gegangen, haben sich in die Natur zurückgezogen. Sie sind auf Distanz zur Gesellschaft gegangen und haben zeitweise die Gesellschaft der Menschen gemieden.

Traust du dich ganz alleine zu sein? Oder hast du Angst vor der Einsamkeit?

Der, der Angst hat, der bist du nicht.

Meditation ist: Nichts zu tun, einfach offen zu sein, nach außen und nach innen und still zu sein, zu warten, bis sich das durchsetzt, was man Wahrheit nennt oder das Wirkliche.

Der, der sich Sorgen macht, der bist du nicht, sondern ein ganz frisches und unverdorbenes Wesen. Hab keine Angst! Du kannst nur das Hinzugefügte verlieren, das, was gar nicht echt ist, das, was du sowieso wieder verlieren wirst. Du wirst sehen, wenn sich das durchsetzt, was du nicht verlieren kannst, dann wirst du in deiner Einsamkeit nie wieder alleine sein.

Du kannst dich vollkommen sicher fühlen. Eingebettet in die Natur bist du selbst ein ganz natürlicher Teil von ihr, das heißt, sich in die Natur des Augenblicks hinein zu atmen und es, was auch immer es ist, in die tragenden Hände dieser Präsenz zu legen. Da bekommt alles seinen wahren Stellenwert, wird zurechtgerückt und sinnvoll bearbeitet.

Sie ist in dir und du bist in ihr und du kannst dich vollkommen sicher fühlen.

Das Verweilen in der Natur fördert das meditative Erlebnis.

Das Rauschen des Baches und des Verkehrs auf den Autobahnen verschmilzt in einem inneren Ton. Die Luft wird dünner, Inhalte nehmen ab, immer weiter wird der Rahmen, immer schwächer der Eindruck und immer gleichgültiger der Ausdruck und doch ist da ein Ergriffen- und tiefes Berührtsein. Hier in dieser Befreiung endet die Kunst. Da ist nichts mehr zu verstehen, sondern da ist nur noch Verständnis, ein Jubeln, eine Ekstase, die übergeht in

Nüchternheit. Dies ist eine Freude, die das Drama nicht mehr braucht, das wir immer so liebten. Es ist wie ein Frühling, der nicht endet --- doch wer will das schon?

Also kehren wir hier wieder um, lassen uns zurückfallen aus dieser Freiheit, die für uns oft schwer zu ertragen ist, in wieder engere Grenzen und kosten wieder die Sicherheit der Begrenzung und Gewohnheit. So bekommt es wieder Form, wird zusammengedrückt, bis es sich ausdrücken muss. Es ist die Kreativität, wie wir sie kennen, kommend aus der Neurose, erblüht aus den Schatten und der Enge unserer Psyche. Schon fürchtet man die arglose Maus oder die „böse“ Spinne, die friedlich ihr Opfer präpariert, unseren Globus mit überflüssigen Infos vernetzt, mit wertlosen Produkten überschwemmt und einspinnt in sinnlose Kommunikation. Welch Missbrauch von Intelligenz ist diese Ironie, dieser Sarkasmus. Und doch --- wir lieben das Drama und seinen tiefen Sinn und brauchen es also nicht zu fürchten. Der Dramatiker dirigiert die Büffelherden am Horizont und wir kennen ihn, denn er hat auch uns geschnitzt aus seinem Holz und wir lieben ihn, denn er gibt uns die Kraft zu leben.

Die Dramen sind immer da und auch in der Natur da draußen sehen wir sie in ihrer Schönheit und Faszination. Erdbeben, Vulkanausbrüche, Tsunamis, Stürme und so weiter …….. und auch die Jagd des Löwen endet dramatisch, zumindest für die Zebramutter, die ihr Fohlen verliert. Welcher Inhalt ist es, der sich ein solches Gefäß erschafft. Die Schönheit der Landschaft im Gesamten, wie im Detail wird nicht berührt von den Blutstropfen im Sand. Es ist ein großes ganzes Bild, ein Gemälde in dem nichts fehlt und alles sein darf, an diesem Abend des Todes.

Welch schöner Abend!

Die Vögel singen ihre Lieder. Doch du lauschst nicht ihrer Stimme, sondern der Stille.

Eine prachtvolle Bühne!

Die Akteure zeigen Wundersames. Doch du folgst nicht der Handlung, sondern der Kraft, die sie trägt.

Ein herrliches Abendmahl!

Der Gastgeber verwöhnt uns. Doch du genießt nicht den Wein, sondern den Rausch der Nüchternheit, der die Traube mit Sehnsucht füllte.

Wer lehrt uns, wenn nicht das Leben, wenn nicht die Natur. Sie ist das große Lehrbuch. Der Flug des Vogels, das Rauschen des Windes in den Zweigen, der Schrei des Affen oder der Blick ins Auge der Echse, der Mond und die Sterne, alles spricht zu uns, alles hat Bedeutung, wenn du siehst. Wenn du siehst, dann öffnet sich eine magische Welt, die Natur, die nichts von uns getrenntes ist und die einzige heilige Schrift, die diesen Namen wirklich verdient, denn alle Bücher sind nur kleine Kopien dieser großen Dichtung.

Du bist natürlich - Natur. Du bist Erde, Wasser, Feuer, du bist der Wind.

Sei wie Luft, so durchlässig und weit.

Fühle dich wie ein Baum im Sommerwind.

Das Leben ist wunderbar. Glaube an dich und an die Zukunft, den ewigen Augenblick, denn du bist mehr als nur ein Teil des Ganzen. Was du erlebst ist wirklich. Du bist das Blatt im Herbstwind --- der Sturm macht dir keine Angst. – **SEI** einfach – Sei **EINFACH** – Der Sturm bläst Kristalle über das Eis und du jubelst.

Egal, wo wir sind, wir sind in der Natur. WIR brauchen die Liebe zur Natur. Wir brauchen sie und irgendwie müssen wir sie retten und bewahren, nicht so sehr, weil sie uns braucht, sondern eben wir sie. Die Natur wird den Menschen sowieso überleben.

Natürlichkeit bezieht sich auf ein Innen, auf etwas unschuldiges, reines, auf ein Sosein, auf den planlosen Augenblick. Da ist kein gestern und kein morgen, sondern das Tier, das Kind und augenblicklich verwandelt sich alles in Schönheit und du darfst staunen über diesen Augenblick, jetzt und da, wo du gerade bist.

Augenblicklich

Die Botschaft des Augenblicks ist da, ist immer da, sie ist der Gegenstand unserer Reise. Alles kann Gegenstand unserer Kontemplation sein. Meditation geht noch einen Schritt weiter und bedeutet im engeren oder weiteren Sinn, seine Aufmerksamkeit von den einzelnen Dingen der Welt zu lösen, um sie auf die Einheit des Ganzen zu richten. Mit unserem Willen wird das nicht gelingen, aber ohne diesen ebenfalls nicht. Dies ist das Koan der Meditation.

Mit interessierter, wacher Gleichgültigkeit nähern wir uns dem Phänomen des Seins, bereit die Botschaft jedes Augenblicks anzunehmen. Die Mitte dieses Augenblicks ist der Kern unseres Wesens und wird erfahrbar als reine, unbeeinträchtigte Quelle, die uns in ihrer unerschöpflichen Kreativität versorgt. Unsere Aufgabe ist es, die Quelle freizulegen und zu schützen. Berge von Problemen können sie verschütten. Schwer Verdauliches wird sie verstopfen. So brauchen wir immer wieder diese Indifferenz und DIstanz, um uns, von Leichtigkeit getragen, diesem Wunder hinzugeben.

Zwischen den Gebilden oder Konstrukten von Vergangenheit und Zukunft existiert der Augenblick, die einzige Wirklichkeit, durch den du ebendiese erfährst. Wenn dir der Augenblick entgleitet, nimmst du nicht teil an der Essenz des Existierenden.

Mögest du nicht diesen Augenblick verpassen --- während du dies liest!!!

Den Augenblick zu feiern, das ist ein guter Weg.

Nur zu leicht betrachten wir fast alles, was wir tun, als Arbeit: Körperarbeit oder Stimmarbeit zum Beispiel oder Haus- und Gartenarbeit, aber auch Beziehungsarbeit oder Trauerarbeit und sogar Meditation, so sagt man, sei harte Arbeit.

Man kann es so sehen, aber wie wäre es, wenn wir es als Spiel oder Tanz betrachten. Nein, es muss kein Deal, kein Geschäft und keine Anstrengung sein. Es ist eine Feier, ein Fest. Wir brauchen keinen Anlass oder Zweck, sondern wir genießen, um seiner selbst willen. Sobald du bewusst feierst, öffnest du dich der gesamten Existenz und es kommt zu einer Vereinigung. Diese Vereinigung ist Meditation und nicht irgendeine Suche oder Sorge um ein Ergebnis. Man kann also nicht zugleich denken und meditieren. Das ist das Problem.

Da der Verstand keine Ruhe gibt, müssen wir ihn beschwichtigen und beschäftigen. Dafür gibt es viele Hilfsmittel, Programme und Techniken. Und wenn er sein Futter bekommt, dann ist er zufrieden und wir können einfach sein und in Ruhe den Augenblick feiern.

Sofort, augenblicklich, jetzt genieße ihn!

Und diesen Augenblick noch und diesen, immer wieder, immer wieder gut.

Genieße ihn, wie einen guten Tropfen und lass dich berauschen, denn aus Nüchternheit bist auch du nicht entstanden.

Die Lehre von der Gegenwärtigkeit, der Präsenz oder Achtsamkeit ist alt, sehr alt und weiß Gott nicht aus dem Osten zu uns gekommen, auch wenn sie beispielsweise durch

Buddhismus, Zen oder Sufismus neue Aktualität erhalten hat und viele Lehrer und Schriftsteller in unserem Kulturkreis inspiriert hat. Und doch ist sie immer ganz neu und frisch und die Essenz jeglicher Methode, die auf Erfahrung beruht. Sie markiert das Ende des Weges, den endlichen Weg. Gegenwärtigkeit ist eigentlich auch keine Lehre und keine Hoffnung, sondern ein Zustand der allgegenwärtigen Gegenwart.

Jeder Augenblick, genau so, wie er ist, ist im Grunde die augenblickliche Manifestation des Absoluten. Sie ist immer voller Überraschung. Doch wir leben normalerweise mit Erwartungen, eine häufige Quelle für Enttäuschungen. Erwartungen lassen uns manchmal erblinden. Wir fixieren uns auf etwas Bestimmtes und können dann den Rest nicht mehr wahrnehmen. Kehren wir jedoch zurück zum gegenwärtigen Augenblick, immer wieder und wieder und haben den Mut, da zu verweilen, dann sind wir zu Hause. Ein anderes haben wir nicht!

So wird dieser Tag, wie jeder Tag, ein, nein, dein Geburtstag sein, voller überraschender Geschenke

Sei gegenwärtig und alles wird gut.

Sei gegenwärtig und alles ist gut.

Übung zu Kapitel 7: Poesie und Achtsamkeit

YA KHABIR – YA JAMIL

Die Bedeutung von KHABIR:

Auf unserem inneren Weg der Befreiung, auch der Befreiung von uns scheinbar schützenden Strukturen und Panzern, werden wir immer sensibler und kommen nicht umhin immer genauer hinzuschauen, was uns gut tut und was nicht. Das bezieht sich auf alle Aspekte wie zum Beispiel: Unsere Nahrung, sowie auch geistige Nahrung, wie Musik, Kunst, Film, Informationen aller Art, aber auch unser Umfeld, unsere sozialen Kontakte und unser gesellschaftlicher Umgang, ja, es gibt Menschen und Gespräche, die uns gut tun und solche, die uns Kraft rauben.

Wir sind also aufgefordert sehr achtsam und aufmerksam mit uns und unserer Umgebung umzugehen. Doch wie kommen wir dahin? Zuallererst müssen wir zu uns selbst Kontakt aufnehmen, das heißt uns selbst spüren, denn nur dann können wir wahrnehmen, was im gegebenen Moment das Richtige, für uns stimmige ist. Wenn wir die Verbindung zu uns haben, ist das gar nicht schwierig und im Grunde eine Selbstverständlichkeit, denn wie sonst sollten wir überhaupt überleben. Dieses Bewusstsein, dieses uns eingeborene Wissen, das ist KHABIR. Und KHABIR bedeutet noch mehr, und zwar diesen Prozess des Erwachens zu unserer Intuition. In unserem Bemühen wachsam, offen und konzentriert zu sein, wächst unsere Fähigkeit wirklich zu sehen, zu hören, hinter die Dinge zu schauen und durch die Dinge hindurch. Intuition ist letztlich aber nichts, was wir erwerben, sondern freilegen müssen, denn sie ist eine natürliche, angeborene Fähigkeit und der Kanal für die universale Intelligenz.

Dieses Erwachen zu KHABIR löst uns auch aus einer bestimmten Perspektive der Betrachtung und öffnet uns für die Einsicht in die Angelegenheiten der Menschen und wir bekommen die Möglichkeit, Probleme aus einem weiteren Blickwinkel zu sehen und werden so nicht in eine enge Betrachtung der Dinge hineingezogen. Nur so ist es möglich, wirklich zu helfen.

Wenn wir bewusst und achtsam sind, wenn wir mit Aufmerksamkeit wahrnehmen was ist, dann entwickelt sich unser Blick, es ist der Blick der Poesie, der Blick des Künstlers, der die Schönheit sieht, schimmernd auf der Oberfläche der Dinge und durchscheinend aus den Tiefen des Seins hinein in unsere Welt der Erscheinungen, in unsere Wirklichkeit.

Die Bedeutung von JAMIL:

Hat die Achtsamkeit sich in KHABIR manifestiert, dann beginnen wir überall Schönheit zu sehen. Wir verlassen die nackte grobe Welt des Materialismus und der Mechanismen und betreten eine Welt, die verzaubert ist, eine magische Welt der Poesie. Ihre Farben- und Formensprache schenkt uns ein beständiges Staunen und diesen sinnlichen Genuss, der dem Leben seine Erotik und seinen Sinn gibt.

Nach was streben wir? Ganz einfach: Nach Glück. Dieses Glück zeigt sich uns als Schönheit und das sind schöne Gedanken und Gefühle, frische Ideen und erhebende Phantasien und Visionen. Wahre Schönheit kommt von innen, sie liegt im Auge des Betrachters. Zwei Menschen zur gleichen Zeit am gleichen Ort auf dieser Welt: Für den einen der Himmel, für den anderen die Hölle. Wie kann das sein? Haben nicht beide recht?

Wenn wir uns öffnen nach innen, in die unendlichen Räume des Geistes, zu uns selbst, dann öffnet sich auch unser Herz nach außen, in die Welt und im Kleinen wie im Großen, im Außen wie im Innen enthüllt uns die Schöpfung ihre unglaublichen Werke. Im Sternenhimmel wie im Sandkorn, im Lächeln wie im Weinen, im Denken wie im Fühlen sehen wir das Wunder und wir wundern uns, denn nichts mehr ist jetzt banal oder hässlich, sondern vollkommen, selbst in seiner Unvollkommenheit. Wer Schönheit sieht, ist Gott nahe und wird diese Schönheit reflektieren, ja, er wird selbst schön, anmutig und mutig. Der Edle wird sich maßvoll verhalten und seine Werke sind befreiend und zeigen Harmonie und Schönheit.

Wen JAMIL ergreift, der wird berauscht sein und ekstatisch wird sein Lebensgefühl. Er sieht die Schönheit, den Himmel auch in der Hölle und er weiß, auch im Himmel ist die Hölle los. Wohin er auch blickt, er blickt in das Antlitz der Liebe und die Liebe ist schön.

Bei dieser Übung öffnen wir gelegentlich unsere Augen und blicken sehr bewusst auf das vor uns, legen sanft unseren Blich wie Schmetterlingsflügel auf das Gesehene, nehmen es wahr, sehen es wie zum ersten Mal und immer, wenn wir etwas zum ersten Mal sehen, staunen wir – so beginnt sich Schönheit zu zeigen…

8. Auf Leben und Tod

Leben

Tag für Tag lebst du, aber lebst du oder funktionierst du.

Wenn du dein Leben meistern willst, dann meistere erst einmal diesen Tag. Das ist überschaubar und zu schaffen und das genügt.

So wirst du dich nicht so leicht überfordern. Und der nächste Tag wird dir aufs Neue seine ganz eigenen Herausforderungen schenken.

Das genügt.

Auf diese Art bist du mit dem beschäftigt, was gerade ansteht und nicht von Zukünftigem verängstigt. Du kannst die Zukunft loslassen. Du brauchst sie nicht mehr so recht. Vielleicht wirst du sie gar nicht mehr erleben. Und wenn, dann immer nur heute. Das Leben findet heute statt.

Gib heute dein bestes, denn ---

Tag für Tag, das ist ein guter Tag.

Das ist alles: einfach seine Arbeit tun.

Kein Wesen auf dieser Welt, außer uns Menschen, wird jemals den Sinn seines Lebens bezweifeln. Nur wir können unsere Gabe des Denkens zu unserem eigenen Schaden missbrauchen, in die Irre gehen und uns selbst aus dem Paradies vertreiben.

Dabei würde es schon genügen auf ganz natürliche Art zu funktionieren, einfach seine Arbeit zu tun. Andererseits besteht unsere Aufgabe bestimmt nicht darin für immer so zu leben, wie wir jetzt leben, sondern in diesem Augenblick.

Natürlich lebt jeder in seiner eigenen Welt. Und nur zu leicht glauben wir, unsere Welt sei die richtige und das beste Model auch für die anderen und so wollen wir sie beständig überzeugen. Diejenigen, die auch unser Model leben, bestätigen uns ja offensichtlich seine Richtigkeit. Es ist nicht ungefährlich seine Meinung und seinen Lebensstil zu wichtig zu nehmen. Das macht intolerant und hochnäsig.

Natürlich werben sie alle mehr oder weniger für ihre Produkte oder ihre Sache. Das ist menschlich. Und natürlich wollen sie uns alle weismachen, dass das Leben wunderbar sein wird, wenn wir das neueste Parfüm benutzen, im eigenen Haus wohnen, diesen oder jenen Verein unterstützen oder was auch immer sonst es sein mag.

Nun gut, wir sollten uns daran nicht stören und können ja das für uns brauchbare auswählen. Dabei sollten wir aber nicht vergessen, uns die zugrunde liegende Angst, eine ganz elementare Existenzangst, bewusst zu machen, anstatt hektisch zu agieren, um zu versuchen, sie zu beschönigen oder zu kaschieren.

Die Wahrheit ist, einfach das zu sein, was wir sind, das heißt, sich selbst zu leben und nicht nur irgendwelche Vorstellungen. Wenn wir aus deren Unwirklichkeit heraustreten, indem wir Zeuge werden, Zeuge unserer Rollenspiele, erkennen wir sie als das, was sie sind und können unsere eigene Wirklichkeit betreten, heimkehren in unsere eigene Welt.

Es ist phänomenal, was unsere Kultur hervorgebracht hat, sie blüht, es ist ein großer bunter Blumenstrauß. In allen Bereichen haben wir es auf die Spitze getrieben. Wir haben eine Kultur des Geistes, beziehungsweise des Intellektes und wir haben unsere Körperkultur.

Ja, wir haben einen Körper, aber bewohnen wir ihn auch?

Ja, wir betrachten ihn oft und meistens gerne.

Ja, eine ganze Industrie sorgt für seine Pflege, seine Schönheit und sein Wohlbefinden, aber spüren wir ihn auch von innen und was er braucht und uns gibt.

Unter dieser Oberfläche sind wir mit etwas so Wundervollem und Heiligem verbunden, dass Worte oder der Verstand es nicht zu fassen vermögen. Doch dem Verstand gelingt es in unserer Kultur fast alle Aufmerksamkeit zu binden. Die Krankheit unserer Zeit heißt zwanghaftes Denken. Und so wird unser Selbstverständnis, unsere Identität vom Verstand abgeleitet, bezieht sich hauptsächlich auf die Rolle, die wir gerade spielen und wird eine bedürftige und ängstliche Konstruktion und man hat seinen Körper und sein Fühlen verlassen.

Also hole dir deine Energie vom Verstand zurück und richte sie in deinen Körper. Dort wirst du etwas wahrnehmen, etwas, das dir und deinem Körper sein Leben gibt und das wird dir gut tun.

Der Körper hat eine Geschichte und wir haben eine Geschichte. Wir könnten ein Buch schreiben über unser Leben, jeder Mensch könnte das tun, denn jedes Leben ist spannend und hat seine ganz eigene Dynamik, Fülle und Tiefe. Nur wer sollte all diese Bücher lesen ...?

Wenn wir unsere Geschichte schreiben und das geschieht immer in unseren Köpfen, dann ist das niemals etwas objektives, denn erstens blenden wir immer Dinge aus, das heißt sie unterliegt einer selektiven Wahrnehmung und zweitens einer tendenziösen Berichterstattung, das heißt wir geben den Ereignissen einen für uns passenden oder gewünschten Sinn. Beispiele hierfür brauchen wir nicht zu suchen, denn unsere eigene Geschichte, die andere oft ganz anders wahrnehmen, ist das beste Beispiel. Wenn uns das immer klarer wird, dann werden wir auch zurückhaltender in der Bewertung der Menschen und Geschichten. Natürlich unterliegt auch unsere allgemeine Geschichtsschreibung genau diesen Gesetzen und wird von einem kollektiven Glauben daran untermauert.

Gibt es überhaupt eine Wahrheit oder ein Leben außerhalb dieser Geschichte? Ja, ja, das gibt es. Das ist der Tod und das Leben zugleich, die Hingabe an das Geschehen, ein im Fluß sein, getragen vom Augenblick und nicht von Konzepten, das wahre Leben, so können wir es etwas großspurig nennen.

Es ist pure Lebenslust, mitten im ganz alltäglichen.

Man hat seinen Trott und alles im Griff, lebt in der Siedlung der Domestizierten und während man seinen Rasenmäher vor sich hinschiebt, hofft man, dass nichts Unvorhergesehenes passiert.

Doch das Leben ist nicht der Feind und auch nicht das Problem, sondern die Lösung.

Es strömt, es tröpfelt, es plätschert, es fließt und das muss und kann man nicht in den Griff bekommen. Gelingt es aber scheinbar irgendwie trotzdem, wie geht es dir dann damit? Fühlst du dich sicher oder halbtot?

Man kann es aber auch einfach so lassen, wie es ist. Es offenbart seine Wahrheit, seine Wirklichkeit und wirkt.

Achtsam in der Gegenwart zu sein, ist das große Ziel der Adepten, des Schülers auf dem Weg, aber du bist kein Mystiker, wenn du deine Vergangenheit nicht mehr kennst und die Zukunft nicht mehr planst, sondern ein Dummkopf.

Zukunft

Was kümmert uns die Zukunft, brauchen wir sie? Es ist egal, denn wir HABEN Zukunft.

Welches Gesetz bestimmt deinen Weg. Du selbst bist das Gesetz, wenn du ihm nicht unterliegst.

Ja, es ist eine große Schlacht, aber keiner kann gewinnen. Warum also sollten wir kämpfen?

Weil wir Kämpfer sind, das ist unsere Natur.

Sich nicht den Kopf zerbrechen über die Zukunft, sondern in sie hineinleben, ganz einfach, denn alles geschieht, es geschieht wie von selbst.

Glück ist der Stoff, aus dem wir unser Schicksal weben wollen.

Leid begleitet uns ein Leben lang. Händchen haltend haben wir uns an diesen Begleiter gewöhnt. Doch wenn wir Vergangenheit und Zukunft für einen Moment hinter uns lassen und einmal ganz in diesem Augenblick verweilen, dann wird es uns gar nicht mehr so recht gelingen, unglücklich zu sein.

Das Glück ist immer da, grenzenlose Freude, das ist der Stoff, aus dem das Universum gemacht ist und auch wir.

Man wird nicht glücklicher, wenn man mehr bekommt, mehr hat. Es scheint eher umgekehrt, je reicher die

Menschen werden, desto unglücklicher sind sie manchmal und desto weniger wissen sie oft, was sie tun sollen.

Irgendwie bekommen wir, was wir gegeben haben: Also lasst uns geben, was wir erhalten wollen.

Also lasst uns gute Geschäfte machen. Auch die Geschäfte dürfen laufen. Das ist besser so.

Wir fliehen nicht vor der Wirklichkeit, sondern in sie hinein.

Warum nicht Sex and Drugs and Rockn“roll?

Warum nicht spielen, fernsehen, spekulieren?

Ein Mensch von Welt lebt stilbewusst und die Geschäfte müssen laufen. Er taucht ein in ein System, unüberschaubar und gnadenlos und verzettelt sich leicht ohne es zu bemerken.

Wer in sich geht, taucht auf und geht in sich den Weg mit höchstem Genuss und ist sich genug im ewigen Augenblick unauslotbarer Tiefe. Dort beginnt eine Reise endloser Geduld und endet in einer Zukunft ohne morgen, in einer Heimat ohne Ort, einer Heimat, die wir nie verlassen hatten.

Da ist Zukunft. Blockaden behindern unsere Entfaltung in diese hinein. Das geht zu Lasten der Zukunft.

Dein negatives Urteil, auch über dich selbst, ist keine Tatsache an sich. Es setzt sich nur aus deinen Gedanken zusammen, die du beständig und hartnäckig wiederholst bis sich auch der Körper verkrampft.

Doch wir haben ja eine Zerstreuungsindustrie und in einer Kultur der Unbarmherzigkeit und Rivalität übt man sich in einer selbstmörderischen Lebenskunst, die die Menschen inszeniert. Sie lächeln einander zu auf unzähligen Werbe- und Fernsehspots in einer Allianz des positiven Denkens. Vielleicht ist alle Fortschrittsgläubigkeit nur ein Ausdruck verkappter Angst zu

Lasten der Zukunft. Wie kann irgendjemand im Angesicht dieser unglaublichen Mengen von Vernichtungswaffen nicht an der Integrität der Absichten zweifeln. Hat Abschreckung wirklich Zukunft oder jemals wirklich etwas genützt.

Angst hält uns zurück und Angst treibt uns blind voran.

Je hartnäckiger die Angst verleugnet wird und man sich weidet an der Angst der Schwachen, desto schwerer ist es, diesen verdrängten Teil in sich selbst zu sehen und zu erlösen.

Die Zukunft entfaltet sich und wir liefern unseren Beitrag. Und was wir nicht schon alles geschafft und durchgestanden haben.

Übergänge und Identitätsveränderungen sind Tode, wie der Weg aus dem Mutterleib in eine Zukunft, in die Welt oder der tägliche Weg in den Schlaf. Wir haben viele Erfahrungen mit dem Tod und auch den Wunden, die er uns zugefügt hat. Manche Wunden sind nur noch blasse Erinnerung, manche existieren noch und manche schmerzen noch. Die Wunde kann die Öffnung werden für das neue Licht, die neue Schöpferkraft und Kreativität. Es sind unsere Kreuzigungen und Auferstehungen.

Halte inne, wann immer du etwas verbracht hast und mache dir den Weg dahin bewusst und auch die Sehnsucht, die dich angetrieben hat und den Einsatz, der dazu nötig war. Es ist deine Schöpfung und dein Geschenk an die Welt.

Und falls du glaubst, dass du nichts vollbracht hast, dann schreibe dir eine Liste von all den Dingen, die du schon gemacht und geschafft hast.

Nimm dir die Zeit dafür und du wirst staunen!

--- Du wirst staunen und sehen welche Dynamik, welche Kraft und Macht in dir steckt und dich immer weiter vorangetrieben hat, hinein in eine sich beständig entfaltende Zukunft.

Macht

Es gibt so ein paar Worte, die den modernen Esoteriker leicht irritieren. Man tut gerne so als hätte man Ruhm, Reichtum und auch Macht nicht nötig und hält das Streben danach für unspirituell. Der Verzicht darauf adelt die Seele, so meint man. Aber kann man nicht erst dann auf etwas verzichten, wenn man es auch haben kann oder schon hat und ist dieser

Verzicht dann nicht ein Ausdruck von Eitelkeit und verlogen. Dieser Schuss geht nach hinten los, speziell dann, wenn ich meine Träume von Reichtum und Macht vor mir zu verstecken versuche.

Im Wesentlichen gibt es zwei Arten von Macht: Diejenige, die ich aus meinem eigenen Reservoir versuche einzusetzen, um meine persönlichen Bedürfnisse, meine Egowünsche durchzusetzen und eine Art kosmischer Macht, der ich mich anvertraue und die durch mein Handeln wirkt, ein Strom, der mich trägt.

Lieber machtvoll als machtlos. Macht macht es. Was willst du machen - ohne Macht.

Macht ist nur Energie, weder gut noch schlecht, in ihr ist unpersönliche Ekstase. Du musst es wagen aufzugeben und im Aufgeben taucht die Macht und Kraft auf, die ich meine. Diese Macht ist unschuldig, sie kommt vom Herzen, sie darf hinaus, sich entfalten. Sie trägt und erfüllt und fühlt sich gut an. Sie wendet sich nicht gegen dich oder gegen jemand anderen.

Nur unterdrückte Macht wird explosiv und gefährlich, wie alle Schatten in dir. Wenn du ein negatives Bild von ihr hast, zeigt sie sich auch so im Leben und vergiftet und korrumpiert dich.

Wo leugnest du die Macht in deinem Leben und bist also erfolglos?

Ohnmacht ist die Prüfung für die Macht, wie der Zweifel für das Vertrauen. Vertraue deiner Energie. Sie ist weder gut noch schlecht und schenkt befreiende Ekstase, hier wie dort.

Hier können wir immer nur verlieren, so scheint es, zu guter Letzt alles. Fast fühle ich mich schon heimisch in der Welt der Schmerzen und des Abschieds, wenn da nicht doch immer wieder etwas aus der Tiefe anklopfen würde. Ein sanfter feuriger Drache, der allmählich im Urwald eine Schneise legt, wo ich mich leichtfüßig bewegen kann. Dort, in dieser Seelenlandschaft können wir nur gewinnen. Hier, im Zivilisationsgestrüpp können wir vieles lernen: Das Verlieren, ein leichtes Abschiednehmen und ein Dahingleiten mit dem Leben, das wir ja selbst sind.

Hier wie dort werden wir immer nur wachsen, denn hier wie dort werden wir immer reicher.

Es dreht sich immer um dasselbe.

Wenn die Kunst oder die Politik Gott verloren hat, ihre Mitte, worum dreht sie sich dann?

Ja, das Leben tut auch weh!

Ja, es ist auch ein Kampf!

Die Schönheit, der Tod oder der Stern am Himmel erinnern an das Geheimnis, das aus Überraschungen gewoben wurde.

Ja, es ist ein Kunstwerk, überall immerzu entsteht es, vergeht es und dreht sich um sich selbst.

Ja, es dreht sich immer um das Selbe: Geld, Sex, Macht oder eben Gott.

Und wir, die wir den Weg suchen zum Unaussprechlichen Mysterium der Liebe und die wir immer wieder stolpern und zögern, sind wir zu brav oder zu feige?

Hast du es jemals gewagt von den verbotenen Früchten zu essen?

Kennst du die ekstatische Kühnheit die Grenze zu überschreiten und den Genuss des Verbotenen?

Erinnere dich an die Schokolade, die du heimlich genascht hast und an dein erstes Schuleschwänzen.

Auch heute noch wirst du, wenn du die Süße der Freiheit schmecken willst, den Vorgarten deines Reihenhäuschens verlassen müssen, um draußen im fremden Revier zu wildern. Dort wirst du die Schätze finden, mit denen du dein Heim in einen Palast verwandelst. Du wirst sehen, dein Reich ist unermesslich.

Die Freiheit, ihre Weite, Größe und Ekstase, ist zuerst nicht leicht zu ertragen, doch sie gehört dir.

Bleibe gelassen, deine persönliche Macht ist begrenzt. Vergleiche dich besser nicht mit anderen, sondern mit dir und mit dem, was dir möglich wäre, wenn du es wagen würdest.

Nur kein Neid!

Warum eigentlich?

Aggression kann man noch akzeptieren, ist irgendwie männlich und hat Stärke. Doch Neid ist einfach nur peinlich, der darf nicht sein. Also gibt man ihn auch nicht zu. Doch vielleicht treibt er dich an zu großen Leistungen, ist eine Energie und ein Ausdruck deines Gerechtigkeitsempfindens. Doch nur kein Neid, es macht sowieso keinen Sinn sich mit anderen zu vergleichen --- oder doch?

Wähle ruhig deine Vorbilder.

Bleibe gelassen – heiliger Heide – und mach dir den gegenwärtigen Augenblick zum Geschenk. Bekenne dich zu seiner Macht, sie wird dich zu etwas machen, was dir die Kraft gibt, die du brauchst - mehr aber auch nicht.

Unsere Welt

Unsere Welt ist voller komischer Vögel.

Im riesigen Vogelschwarm am Himmel zieht er seine Bahnen in Wirbeln und Pirouetten. Es flirrt und flattert die lebende Skulptur in lebendiger Dynamik.

Doch dann bricht er aus, will etwas anderes, besonderes erleben. Es wird ein Sturzflug zur Erde und schrecklich zerzaust sieht er aus, der komische Vogel, als er landet am Boden. Da erlebt er nun wahrlich besonderes und macht Erfahrungen, die schmerzen und töten und erfährt die Einsamkeit. Unerträglich wird dieser Zustand, weil er vergessen hat seine Heimat und von woher er gekommen. Er sucht den Weg zurück und das dauert und ist gar nicht einfach und abenteuerlich in allen Phasen und Etappen.

Doch auf dem Heimweg bemerkt er, dass er den Schwarm niemals verlassen und immer umgeben war von komischen Vögeln.

Das alles ist kein Grund sich aufzuregen, sondern man kann staunen über die Welt der Erwachsenen.

Sie schwatzen viel und sind verstrickt, weil sie sich selbst oft irgendwie verloren haben. Sich bei Laune zu halten versuchen sie mit all den Dingen und dem Müll um sich herum.

Wer ernst sich nimmt und sich erwachsen fühlt, erkennt nicht die Spielchen in diesem Kindergarten.

Sie bestrafen sich indem sie nicht verzeihen und tragen so lange und schwer es anderen nach und bleiben so an sie gebunden.

Und weil man erwachsen ist, gebraucht man den Verstand und das ist gut so, doch der kennt keine Werte: die müssen von woanders kommen. Doch dazu müssten wir verzeihen. Zuallererst uns selbst.

So wird das Leben fruchtbar sein und jeder Moment kann seine Früchte tragen.

Macht das Sinn für dich?

Kennst du Momente, wo du vollkommene Sinnlosigkeit erfährst?

Sinnlos – das ist ein interessantes Wort. Sinnloses macht tiefen Sinn.

Diese Vernetzung ist sinnlos, denn wir sind verbunden.

Diese Informationsflut ist sinnlos, denn wir wissen, worauf es ankommt.

Diese Innovation ist sinnlos, denn das Neue ist schon das Alte von morgen.

Doch lasst uns Spaß haben mit all den Neuigkeiten und lasst uns den Sinn des Sinnlosen sehen. Und lasst uns das Uralte feiern, das die Form bildet und sie auch füllt mit immer Neuem.

Zerstörung und Fortschritt kommen wohl nicht ohne einander aus.

Die Zerstörung von Kultur, das Werk des Menschen, empfinden wir als barbarisch oder kriminell, die Zerstörung der Natur und ihrer göttlichen Werke hingegen nennen wir oftmals Fortschritt und glauben es entstünde etwas Besseres. Schauen wir uns doch einfach die Welt an und ob sich ihr Zustand und unser Leben verbessert haben.

Die Freuden, die durch die rücksichtslose Berührung mit der Außenwelt erfahren werden, werden meist Leiden nach sich ziehen.

Wir können in diesem Drama in irgendeiner Rolle mitspielen, können es uns aber auch einfach als Zuschauer betrachten - keine unbequeme Rolle - und erkennen, dass diese Evolution tatsächlich auch ein Spiel ist und man es spielerisch und locker sehen kann.

Egal, was du tust, in jedem Fall veränderst auch du die Welt. Wir alle sind Mittäter, Gestalter und liefern unseren Beitrag, wie auch immer der aussieht oder wie klein er auch erscheinen mag.

Die Qualität, die du bei anderen suchst, ist die, die dir fehlt, die du selbst entwickeln möchtest. Oft wirst du mehr geformt von dem, was du nicht erhältst, als von dem, was du erhältst.

Was ist das Schlimmste, was du dir vorstellen kannst, dass es dir passiert?

Und stell dir vor, dass es dir keine Angst macht. Es ist eine Herausforderung. Welche Qualität bräuchtest du, um sie zu meistern. Könntest du dieser Qualität Raum und Entfaltung geben ohne diese Herausforderung?

Du wirst der Welt etwas ganz Einzigartiges schenken und zwar das, was du sein wirst, wenn du bist, was du bist. Mehr brauchst du nicht zu sein, nur das, was du bist. Auch dein Schmerz und dein Leid werden dich zu dem machen. Du veränderst die Welt schon dadurch, dass es dich gibt. Und selbstverständlich bist du in Kommunikation mit deiner Umwelt. Und selbstverständlich auch dann, wenn du nicht teilnimmst an der üblichen Konversation.

Auf einer kulturellen Ebene können wir schon sehr verschieden sein. Da ist es schwierig sich zu einigen. Das ist aber auch gar nicht nötig, denn in der Tiefe sind wir gleich, im Innersten sind wir aus dem gleichen Material geschnitzt.

Kommunikation bedeutet, auch wenn wir anderer Meinung sind, zu verstehen und verstanden zu werden und nicht zu manipulieren. Wir brauchen keine Strategie oder Theorie, sondern eine Geisteshaltung, die, wenn vom Herzen bestimmt, die Kommunikation nicht scheitern lassen wird. So wird man ganz von selbst das richtige sagen oder tun.

Es hilft, wenn wir etwas oder jemanden betrachten, wie wenn wir ihn zum ersten Mal sehen oder zum letzten Mal oder wissend, dass auch dieser Mensch nur sein Glück sucht.

Mit einem Lächeln beginnt die schöne Kommunikation.

Wenn wir in Kommunikation sind mit der Welt, dann sind wir auch eingebettet in das gesellschaftliche Netz und sind auch an unserem Platz in der Welt.

So mancher gleitet von Anfang an fast mühelos in sein Leben und findet seinen Platz und seine Rolle ohne diese immer wieder in Frage stellen zu müssen, er hat keine Landeschwierigkeiten, während es für andere ein oft lebenslanges Ringen ist. Es ist das Spiel mit dem auf der Welt, mit dem Da - Sein und dem Gefühl nicht von dieser Welt zu sein, was uns scheinbar entbindet von Engagement und Verantwortung.

Nachdem man die gewohnten Begrenzungen des Bewusstseins durchstoßen und sich in den leichten, lichten Sphären mit Freiheit und Weite durchtränkt hat, kann man aus freien Stücken zurückkehren an seinen Platz in der Welt und es wird leichter seine Aufgabe zu finden und zu erfüllen. Man wird dann eine große Bereicherung für die Gesellschaft sein, weil man, von Glück durchflutet, nicht mehr nur bedürftig ist, sondern auch ganz klar etwas zu geben hat. Man spürt es, denn der ganze Körper ist in diese Meditation involviert und ganz bewusst am energetischen Austausch mit den leichten, lichten Sphären unserer Welt beteiligt.

Das hält einen jung und dennoch werden wir täglich älter und das ist spannend.

Der Tod

Man wird älter.

Mag sein, das Leben wird ruhiger. Aber warum?

Weil du resigniert hast? – Das hört sich nicht gut an.

Weil deine Triebe einfach schwächer wurden? – Das hört sich auch nicht besonders gut an.

Weil du feste Lebensstrukturen aufgebaut hast? – Das kann nützlich sein, aber auch tödlich.

Weil du spirituell arbeitest und deine Mitte oder Wahrheit gefunden hast? – Das hört sich gut an.

Doch das Leben wird nicht ruhiger. Es bleibt immer das Leben und du bist mittendrin, bis zum letzten Atemzug. Ja, man wird älter und anders, aber es bleibt spannend. Es ist Überraschung in jedem Augenblick.

Wir schreiben unsere Geschichte, unser Leben ist ein Gedicht und dies ist mein ganz persönliches:

Immer habe ich mich gesehnt und immer habe ich geliebt oder besser: Ich dachte es, aber eigentlich wusste ich gar nicht, wie man das macht. Die Liebe war oft mehr wie ein Schicksalsschlag und das treibt leicht in Süchte, Abhängigkeiten und Leiden.

Lustig und wild war mein Leben, doch lebenslänglich war mein Begleiter die Angst, wie wenn man mir den Boden unter den Füßen weggezogen hätte, und eine Todessehnsucht, wie wenn die Welt mir zu lebensfeindlich und grob erschien.

So suchte ich nach Halt und Vertrauen, was mich allmählich hineinführte in den zeitlosen Raum bedingungslosen Seins. Hier wie dort hoffe ich mein Schicksal zu erfüllen.

Und so schreibe ich diese Gedichte, um mir und vielleicht auch dir ein wenig Mut zu machen auf dem geheimnisvollen Weg.

Jetzt ist Schluss.

Jetzt ist Schluss mit dem Gezicke und dem Selbstmitleid.

Was ist jetzt gerade wirklich dran?

Ist es das, diese Zeilen zu lesen ...?

Nimm zuerst einen guten Atemzug.

Du weißt wie bewusstlos wir durchs Leben stolpern, hin und hergerissen zwischen Angst und Größenwahn.

Doch jetzt ist Schluss – wir lassen los, Besitz, geistigen Besitz, Menschen, verlassen auch unsere Welt der Gedanken und atmen... Alles atmet, alles und alle Wesen hängen an demselben Atem, der unser Bewusstsein öffnet, der uns weit macht, weit wie ein Universum. Nichts geht jetzt mehr verloren und das ist das Ende der Angst.

Über Vorstellungen tragen wir unser Bewusstsein dahin, wo wir hinwollen – doch wo wollen wir noch hin?

Immer hilfreich und bedeutungsvoll ist dabei das Gedenken an den Tod.

Kaum jemand wird sich wohl auf, dem Sterbebett liegend, denken: Hätte ich nur mehr Zeit im Büro verbracht. Aber ob man das Beste aus seinen Möglichkeiten gemacht hat, das wird wichtig sein. Man ist letztlich nicht unzufrieden mit einer Situation, sondern mit sich selbst. Erfolg oder Misserfolg ist Karma, weil es die Folge von etwas ist. Es hat immer auch einen Vorteil, wenn man verliert oder eben gewinnt. Und es hat immer auch einen Nachteil, wenn man gewinnt oder eben verliert.

Angst vor dem Tod ist auch Angst vor der Lebensbilanz. Ängste sind aber auch Wiederholungen von Traumata, Dingen, die nicht gut ausgegangen sind, mit dem Tod endeten. Die Todesart zeigt, worum es ging und oft immer noch geht. Was zum Tode geführt hat, versucht man im nächsten Leben zu vermeiden, weil es Angst macht.

Auf dieser Bühne heißt Karma Rollentausch. Und wie im Theater will auch hier keiner sterben, sondern er will nur ein Problem sterben lassen.

Ja, ich habe gelebt. Es tut gut diesen Satz zu sagen und zu betonen.

Das ganze Leben ist ein einziges Abschiednehmen und wann immer wir sterben, können wir sagen: Ich habe gelebt.

Ohne Gejammer verabschiedet sich, wer lebenssatt, weil eben erfüllt. Und selbst wenn nicht, so übt man sich in der Kunst des Sterbens. Das heißt, wissend, dass wir leben, dass der Tod stirbt, doch nicht das Leben, lernen wir die letztendliche Hingabe.

--- Lange Pause ---

Denn diese Pause wird dir dein Tod nicht gönnen. Nur er weiß, wann er kommt und sein lebendiges Geheimnis enthüllt.

Natürlich ist da auch ein wenig Angst, aber vielleicht auch ein wenig Neugier und das Loslassen dann schafft den Raum von Freiheit und Freude, der die Basis wird für Erfüllung und das neue Abenteuer. Und selbst Unerfülltes wird sich so noch erfüllen.

Ja, ich lebe und ich sterbe. Es tut gut diesen Satz zu sagen und zu betonen.

Du wirst sterben, wenn es Zeit ist.

Lass den alten Krampf, den Kampf und das, was jetzt gerade ist, ruhig gehen, wenn die Zeit dafür gekommen ist. Schneide den alten Zopf ruhig ab, auch wenn du ihn einmal gebraucht oder geliebt hast.

Du kannst nichts verlieren, du kannst nur gewinnen.

Natürlich ist da auch diese Trauer, wenn wir daran denken, dass wir eines Tages diese wunderbare Welt verlassen. Wer weiß, ob wir alles erledigt haben werden, was wir vorhatten. Wer weiß schon, was uns erwartet und wie sehr wir das vermissen werden, was wir hier so lieben.

Natürlich fürchten wir nichts so sehr wie den Tod. Und kein Preis ist uns zu hoch, nur um unser Leben zu erhalten. Wir wissen wenig über unsere Unsterblichkeit, wenn wir so sehr mit dem Körper identifiziert sind. Welch eine Prüfung ist doch der Tod. Unter allen falschen Freunden ist er der falscheste.

Wenn wir uns vorstellen, dass wir abends schlafen gehen, so wie immer und einfach nicht mehr aufwachen, dann würden wir gar nicht bemerkt haben, dass sich ein Wandel vollzogen hat, dass wir gestorben sind. Wir würden einfach weiterleben in unseren Träumen, in all dem, was nicht körperlich war, sondern feiner, feinstofflicher. Hier sterben heißt dort erwachen…

Deshalb erforschen wir den Tod. Der Mystiker spielt den Tod und er spielt mit dem Tod, das ist seine zentrale Übung. Bald hat der Spielgefährte alle Schrecken verloren, wenn wir entdecken, dass auch er nur eine Illusion ist im göttlichen Spiegelpalast des Ewigen.

Anfang und Ende reichen sich die Hände, Leben und Tod tanzen Tango und haben vergessen wer führt...

Der Tod ist nicht das Ende der Reise, sondern sie endet immer hier und jetzt, wenn du angekommen bist in diesem Augenblick. Im vollkommenen Hier und Jetzt hat der endliche Weg dann endlich ein Ende – du kannst dich entspannen, wenn das nicht Hoffnung macht...

So wünsche ich dir viel Glück und weiterhin eine gute Reise!

Übung zu Kapitel 8: Auf Leben und Tod

Hier möchte ich eine Atemübung vorstellen, beziehungsweise das Atmen selbst als Übung verstanden wissen.

Der Atem begleitet uns, wie man so schön sagt, vom ersten bis zum letzten Atemzug. Wir bemerken diesen meist gar nicht. Wir atmen unbewusst und erst, wenn etwas mit diesem nicht stimmt oder wenn wir außer Atem kommen, fällt uns auf, dass wir atmen müssen. Wir atmen sozusagen um unser Leben und nur wenige Atemzüge, die wir nicht machen können, genügen, um dieses Leben zu beenden.

Der Atem, diese Brise war schon überall und lange unterwegs, ist unzählige Male mit den Winden um den Globus gekreist, bis wir ihn jetzt einatmen. Ein Wunder und ein Geheimnis ist er und diesem kommen wir auf die Spur, wenn wir atmen. Der Atem ist für den Mystiker, für den Wanderer auf dem inneren Pfad ein Schlüssel und da ist nichts, was wir nicht durch unseren Atem erreichen könnten. Der Atem verbindet uns, letztlich mit allem:

1. Er verbindet uns mit unserem Körper, denn er findet im Körper statt.

2. Er verbindet das Innen mit dem Außen.

3. Er verbindet das Feine mit dem Groben, das Feinstoffliche mit dem Grobstofflichen.

4. Er verbindet uns mit dem ewigen Fluss des Geschehens, mit Ebbe und Flut, dem Kommen und Gehen, mit Leben und Tod.

5. Er verbindet uns mit der Gegenwart, denn wir atmen immer jetzt.

6. Er verbindet uns mit allem, denn alles atmet diesen Atem – der Atem ist das Leben selbst.

Die Übung besteht aus zwei Teilen:

1. Wir sitzen mit möglichst geschlossenen Augen und atmen ohne den Atem in irgendeiner Weise zu beeinflussen. Weder verlängern wir den Atem, noch verkürzen, verflachen oder vertiefen wir ihn. Auch versuchen wir nicht regelmäßig, gleichmäßig oder harmonisch oder sonst wie zu atmen, sondern lassen den Atem wie er ist, wie er kommt und geht, ohne jegliche Beeinflussung oder Einmischung. Unsere Aufmerksamkeit ist und bleibt vollständig beim Atem und dadurch beobachten wir neugierig, fast mit wissenschaftlichem Interesse das Geschehen und alles, was da passiert, wenn wir atmen. Wir sind Zeugen und genießen bewusst jeden Atemzug aufs Neue. Dabei werden wir feststellen, dass jeder Atemzug anders ist, dass da keine zwei gleichen Atemzüge stattfinden und dass somit jeder Atemzug voller Überraschungen und neuer Erfahrungen steckt,

wenn wir denn nur genau hinschauen und hin spüren. Es ist ein Abenteuer, etwas, was wir immer draußen in der Welt suchen und jetzt hier auf so einfache und genüssliche Weise in uns selbst finden können.

Die Übung ist also nur zu sitzen und zu atmen und dies zu beobachten. (Die Wirkungen dieser Übung sind derartig vielfältig, dass man damit ein ganzes Buch füllen könnte)

2. Wir verbinden jetzt den Atem mit folgenden Worten:

Der erste Schritt:

Beim Einatmen denken wir die Worte:

ALLES KOMMT und

beim Ausatmen denken wir die Worte:

ALLES GEHT

Der zweite Schritt:

Beim Einatmen denken wir die Worte:

ALLES KOMMT WIE VON SELBST

Beim Ausatmen denken wir die Worte:

ALLES GEHT WIE VON SELBST

Und der Dritte Schritt:

Beim Einatmen denken wir:

ALLES KOMMT WIE VON SELBST ZU MIR

Beim Ausatmen denken wir:

ALLES GEHT WIE VON SELBST VON MIR

Dauer dieser Übung circa 10 bis 15 Minuten.

Es empfiehlt sich, die Übung des bewussten Atmens in den Alltag zu integrieren, das heißt, sich immer wieder einmal zu erinnern, dass wir atmen und dieses dann eben auch bewusst erleben, erfahren, um sich so an den Atem anzuschließen und um so wieder Verbindung zu sich selbst zu haben und zum gegenwärtigen Augenblick. Schon ein Atemzug kann genügen und wir verlassen die Verstrickungen, die Hektik und Zerstreuung und finden uns wieder in der Mitte und Klarheit unseres Lebens.

Über den Autor

Heinz Espabad Kindl arbeitete nach seinem Studium der Philosophie als Schauspieler und Tänzer. Nach einem Unfall mit Todeserfahrung führte ihn seine Suche nach Asien in buddhistische Klöster und schließlich in den internationalen Sufiorden, wo er heute als Senior Teacher arbeitet.

Nach der Entdeckung seiner medialen Fähigkeiten wurde er Heilpraktiker und anerkannter Heiler im DGH, Dachverband Geistiges Heilen e.V. und arbeitet neben seiner Praxis in München als Fachdozent in der Europäischen Akademie für Selbstheilungsprozesse von Clemens Kuby. Sein erstes Buch „Vom inneren Weg" (Heilende Poesie) ist 2008 erschienen. Seit 2011 ist er Mentor an der Suluk – Akademie in Paris. Seit 2012 leitet er das Münchner Heil- und Meditations-Zentrum YA WALI. **www.ya-wali.de**

Espabad lehrt auf entspannte und humorvolle Weise, er führt ebenso kraftvoll wie einfühlsam durch die inneren Prozesse der Bewusstwerdung und Heilung.
www.espabad.de